Simone Weidenfelder

Requirements Engineering in IT-Projekten

Eignen sich klassische oder agile Methoden besser für das Anforderungsmanagement?

Bibliografische Information der Deutschen Nationalbibliothek:

Die Deutsche Nationalbibliothek verzeichnet diese Publikation in der Deutschen Nationalbibliografie; detaillierte bibliografische Daten sind im Internet über http://dnb.d-nb.de abrufbar.

Impressum:

Copyright © studylab 2020

Ein Imprint der GRIN Publishing GmbH, München

Druck und Bindung: Books on Demand GmbH, Norderstedt, Germany

Coverbild: GRIN Publishing GmbH | Freepik.com | Flaticon.com | ei8htz

Abstract

Requirements Engineering ist ein immer wichtigerer Bestandteil erfolgreicher IT-Projekte geworden und gewinnt zunehmend an Bedeutung. So ist es unbedingt notwendig Anforderungen zu definieren, jedoch gibt es dafür verschiedenste Herangehensweisen, die von klassisch über agil hin zu hybriden Methoden reichen.

Für die vorliegende Arbeit wurden in einem ersten Schritt an Hand der Literaturrecherche traditionelle Methoden wie das Wasserfall oder V-Modell in Hinblick auf das Requirements Engineering sowie agile Methoden wie Scrum beschrieben, gegenübergestellt und Vor- und Nachteile herausgearbeitet. In einem zweiten Schritt wurden leitfadengestützte Experteninterviews durchgeführt. Ziel dieser Befragungen war die Exploration von Pro und Contra Argumenten hinsichtlich der unterschiedlichen Praktiken sowie eine Darstellung der Praxisrelevanz an Hand von aktuellen Projekten der Interviewpartner. Auch die derzeitige Positionierung von agilen Methoden wie Scrum auf dem Hype Cycle nach Gartner und der Stellenwert in der Zukunft wurden behandelt.

Zwischen den verschiedensten Zugängen wie man Requirements Engineering in einem IT-Projekt umsetzt gibt es ein immenses Spannungsfeld. Es konnte aber aufgezeigt werden, dass es die effizienteste Methode im Requirements Engineering global gesehen nicht gibt. Als kritischer Punkt hat sich die Umgebung in der man sich befindet herauskristallisiert. So haben die Untersuchungen gezeigt, dass es in einer komplexen Umgebung sinnvoller ist agil zu arbeiten wohingegen man in einer komplizierten Umgebung mit klassischen Ansätzen besser zurechtkommt. Hybride Methoden wurden generell als sehr positiv beurteilt.

Stichwörter: Requirements Engineering, Agilität, klassische Methoden, hybride Ansätze, leitfadengestütztes Experteninterview

Vorwort

„Es ist nicht genug zu wissen, man muss es auch anwenden.

Es ist nicht genug zu wollen, man muss es auch tun."

Johann Wolfgang von Goethe

An dieser Stelle möchte ich mich bei all denjenigen bedanken, die mich während der Anfertigung dieser Masterarbeit unterstützt und motiviert haben.

Zuerst gebührt mein Dank Hr. Mag. Dr. David Rückel, der meine Masterarbeit betreut und begutachtet hat. Für die hilfreichen Anregungen und die konstruktive Kritik bei der Erstellung dieser Arbeit möchte ich mich bedanken.

Ein besonderer Dank gilt allen Teilnehmern und Teilnehmerinnen meiner Befragung, ohne die diese Arbeit nicht hätte entstehen können. Mein Dank gilt ihrer Informationsbereitschaft und den interessanten Beiträgen und Antworten auf meine Fragen.

Außerdem möchte ich mich bei meinem Mann Thomas und meinen Kindern Leonie und Sophie bedanken, die während der Zeit des Studiums immer hinter mir gestanden und mir den Rücken gestärkt haben.

Abschließend bei meiner Mutter, die immer ein offenes Ohr hatte, wenn Motivation nötig war.

Simone Weidenfelder

Gratwein-Straßengel am 28.02.2020

Inhalt

Abstract III

Vorwort IV

Abbildungsverzeichnis VII

Tabellenverzeichnis VIII

1 Einleitung **1**

    1.1 Hinführung zum Thema 1

    1.2 Problemstellung 2

    1.3 Forschungsfrage 3

    1.4 Methode 4

    1.5 Aufbau der Arbeit 5

2 Definition und Eigenschaften **7**

    2.1 Definition der Anforderung 7

    2.2 Anforderungsarten nach Pohl 10

    2.3 Anforderungsarten nach Young 11

    2.4 Definition des Anforderungsmanagements 12

3 Klassische Methoden **14**

    3.1 ISO/IEC 12207 14

    3.2 RE in verschiedenen klassischen Vorgehensmodellen 15

4 Agile Methoden **18**

    4.1 Scrum 20

    4.2 Weitere agile Methoden des Requirements Engineering 29

    4.3 Zusammenfassung klassische und agile Methoden im RE 30

5 Hybride Methoden **34**

    5.1 Agil und Wasserfall 34

5.2 Agil und RUP 35

6 Leitfadengestütztes Experteninterview **36**

6.1 Zielsetzung 36

6.2 Auswahl Interviewpartner 36

6.3 Durchführung der Interviews 38

6.4 Interview Leitfaden 38

6.5 Aufbereitung und Auswertung des Interviewmaterials 40

6.6 Ergebnispräsentation 43

7 Reflexion und Fazit **50**

7.1 Zusammenfassung 50

7.2 Fazit und Beantwortung der Forschungsfrage 50

Literaturverzeichnis **52**

Anhang **57**

Abbildungsverzeichnis

Abbildung 1: Vorgehen auf Basis wissenschaftlicher Methodik (eigene Darstellung) 4

Abbildung 2: Definitionen des Anforderungsbegriffs (eigene Darstellung) 9

Abbildung 3:Gliederung der Anforderungsarten (eigene Darstellung) 10

Abbildung 4: Haupttätigkeiten des RE (nach Rupp et al, 2014, S.14) 13

Abbildung 5: Vergessenskurve nach Ebbinghaus (nach Rupp et al, 2014, S.20) 13

Abbildung 6: Projektdurchführungsstrategie (V-Modell XT, Version 1.4., S. 21) 16

Abbildung 7: Vorgehensbaustein Anforderungsfestlegung (Friedrich et al, 2009, S. 6) ... 17

Abbildung 8: Scrum Prozess (Kullmann et al, 2013, S. 15) 20

Abbildung 9: Verständnis über die Ziele (Benefield G., 2008, S. 2) 27

Abbildung 10: Sechsstufiges Auswertungsverfahren nach Mühlfeld et. al. (nach Mayer, 2013, S. 48ff) 42

Tabellenverzeichnis

Tabelle 1: Vergleich klassisches vs. agiles RE (eigene Darstellung) 30

Tabelle 2: Klassifizierung von Interviews nach ihrer Standardisierung (nach Gläser & Laudel, 2010, S.41) 36

Tabelle 3: Interviewpartner (eigene Darstellung) 37

Tabelle 4: Ausrichtung der Firmen (eigene Darstellung) 38

Tabelle 5: Interviewleitfaden mit Reflexion (eigene Darstellung) 40

Tabelle 6: Statistik der Datenerhebung (eigene Darstellung) 41

Tabelle 7: Abkürzungen der Interviewpartner (eigene Darstellung) 42

1 Einleitung

1.1 Hinführung zum Thema

Die Bedeutung der Informationstechnologie hat sich in den letzten Jahren stark gewandelt und ihr Stellenwert als Wettbewerbsfaktor rückt immer mehr in den Vordergrund. (Tiemeyer 2013, S. 8) Diese Erkenntnis resultiert vor allem daraus, dass der Einsatz von Informationstechnologie in nahezu allen Unternehmen ein wesentlicher und wichtiger Bestandteil geworden ist. (Spath et al, 2004, S. 182)

Um die Bedürfnisse der Kunden in Bezug auf die Implementierung von Systemen so gut wie möglich erfüllen zu können, ist gerade im Bereich der Softwareentwicklung Requirements Engineering einer der entscheidenden drei Faktoren für erfolgreiche Projekte wie die Standish Group in ihrem CHAOS Report festgestellt hat. (The Standish Group, 2002)

Anforderungsmanagement ist unbedingt notwendig, wenn es darum geht Systeme zu entwickeln die den Kundenwünschen entsprechen und dabei Budget- und Zeitpläne einzuhalten. Ziel ist es, Kundenanforderungen in guter Qualität mit einem möglichst hohen Reifegrad zu erfassen und dabei Fehler in einer frühen Phase zu erkennen. (Pohl & Rupp, 2015, S.11)

Der Fokus dieser Arbeit liegt auf dem Vergleich zwischen klassischen und agilen Methoden im Requirements Engineering, sowie dem Spannungsfeld zwischen den beiden Ansätzen.

So sagt Ernst Tiemeyer in seinem Handbuch IT Management. Konzepte, Methoden, Lösungen und Arbeitshilfen für die Praxis (2017, S. 391):

> „Soll ein Anforderungsmanagement im klassischen stringenten Sinn im Rahmen eines generischen Projektmanagements erfolgen, dann sollen so die vorherrschende Auffassung, die meisten und wichtigsten Anforderungen schon zum Start des IT Projektes bekannt sein."

Im Gegensatz dazu wird die regelmäßige Ergänzung und Veränderung der Requirements im agilen Ansatz begrüßt, wie man im agilen Manifest von Beck et al. (2009) sehen kann:

> „Welcome changing requirements, even late in development. Agile processes harness change for the customer's competitive advantage. "

Fakt ist, dass die wichtige Rolle des Requirements Engineering in Bezug auf den Projekterfolg in den letzten Jahren stark in das Bewusstsein von Forschung und Industrie gerückt ist. (Elshandidy & Mazen, 2013, S. 473)

1.2 Problemstellung

Hauptaufgabe des Anforderungsmanagements ist es, bei allen Beteiligten eines IT-Projekts ein gemeinsames Verständnis über das zu entwickelnde Produkt zu schaffen. Aus einer Studie des PMI von 2016 geht hervor, dass bei 37 % der gescheiterten IT-Projekte eine Hauptursache das unzureichende Anforderungsmanagement war. (PMI's Pulse of the Profession, 2016)

Klassisches Anforderungsmanagement ist selbst noch ein relativ junges Fach unter den erfahrenen Disziplinen wie dem Projekt- oder Qualitätsmanagement und wird positiv bewertet, häufig aber noch nicht auf demselben Level anerkannt. Die Aufnahme aller Anforderungen, möglichst bis zum letzten Detailgrad, stellt in vielen klassischen Projektmethoden die Grundvoraussetzung dar. Oft ist es aber immer häufiger so, dass kein exaktes Bild beziehungsweise ausreichende Informationen über das zu erstellende Projekt existieren. Somit fehlt in weiterer Folge auch eine belastbare Basis für die Aufwandschätzung im Gesamtkontext. (Meuten & Fritsch, 2009)

Im agilen Umfeld wird viel Wert auf Flexibilität und die Einbeziehung aller Stakeholder gelegt. Agil arbeitende Teams sind es gewohnt, selbstständig zu arbeiten und Eigenverantwortung für ihre Handlungen zu übernehmen. (Tiemeyer, E. et al, 2014)

Diese Einstellung zeigt sich gerade auch im Umgang mit Anforderungen. Anforderungen stehen in der Regel nicht komplett fest, bevor mit der Umsetzung begonnen wird. Anwender haben die Möglichkeit, sehr früh im Prozess und regelmäßig Produktversionen zu testen und ihre Anforderungen zu überdenken. So können Anforderungen angepasst und erweitert werden. Details werden möglichst erst direkt vor der Umsetzung zwischen Anwendern und Entwicklern diskutiert und festgelegt. Die Reihenfolge der Umsetzung von Anforderungen ist dynamisch und richtet sich nach einer vom Kunden vorzugebenden Priorität gemäß seiner Bedürfnisse. (Wolf H. & Bleek W.G., 2011)

Die zunehmende Verbreitung der agilen Softwareentwicklung in den letzten Jahren hat dazu geführt, dass viele Unternehmen von einem planbasierten Ansatz mit Wasserfallmodellen abgewichen sind. (Cao, Mohan, Xu & Ramesh, 2019)

Agile Methoden beziehen sich auf ein Konglomerat von iterativen Systementwicklungsmethoden, bei welchen Teamzusammenarbeit, minimale Vorausplanung und die Flexibilität bei der Anpassung an sich ändernde Anforderungen im Vordergrund stehen (Beck et al., 2001).

Die Entscheidung einer jeden Organisation, agile Systeme einzusetzen, hängt von verschiedenen Faktoren ab, darunter dem Wunsch die Effizienz zu verbessern, negativen Erfahrungen mit anderen Entwicklungsansätzen und dem Druck der Beteiligten innovative Entwicklungsansätze anzuwenden (Mangalaraj et al., 2009).

Es gibt natürlich auch Organisationen, die den Wert des agilen Ansatzes schätzen sich jedoch nicht vollständig von den traditionellen Wasserfalltechniken lösen können oder sich an vorgeschriebene Richtlinien halten müssen. Untersuchungen zeigen, dass die anfängliche Einführung von agilen Methoden von Überlegungen wie Projektgröße, Anwendungskritikalität, Komplexität, Qualifikation der Mitarbeiter und Unternehmenskultur abhängt (Boehm & Turner, 2003; Nerur et al., 2005; Vinekar et al., 2006).

Unternehmen können ihre Entwicklungsmethoden auch individuell anpassen, indem sie einen Notfallansatz wählen, beispielsweise wird je nach Projektkontext eine aus einer Reihe möglicher Methoden ausgewählt. Auch ein methodentechnischer Ansatz ist möglich, hier werden Methoden aus einer Reihe vordefinierter Methodenkomponenten erstellt sowie ein a-la-carte-Ansatz bei dem fragmentierte Elemente einer Methode oder Gruppe von Methoden zur gemeinsamen Verwendung ausgewählt werden (Fitzgerald et al., 2006).

1.3 Forschungsfrage

Es existieren unterschiedliche Ansätze wie Requirements Engineering methodisch eingesetzt werden kann. Auf der einen Seite die klassischen Methoden und auf der anderen Seite agile Ansätze. Die vorliegende Arbeit fokussiert sich auf den Vergleich und somit die Vor- und Nachteile der beiden Methoden um so die effizientesten Ansätze zu extrahieren.

Die zentrale Fragestellung ist demnach:

- Welche Methoden und somit Vorgehensweisen, sowohl agile als auch klassische zur Ermittlung von Anforderungen, sind am effizientesten um eine hohe Qualität bzw. Reifegrad der Requirements zu gewährleisten?

Im Zuge der Beantwortung dieser zentralen Fragestellung sollen auch weiterführende Fragen adressiert werden um die Arbeit zu konkretisieren:

- Welche Vor- und Nachteile bieten das klassische und agile Anforderungsmanagement?
- Was kann ein hybrider Einsatz beider Methoden leisten?

Da der Umgang mit Anforderungen ein wesentlicher Erfolgsfaktor in Projekten ist, soll im Rahmen dieser Arbeit auf die Vor- und Nachteile der genannten Methoden eingegangen werden. Identifizierte Vor- und Nachteile sollen aufgezeigt und beschrieben werden. Außerdem soll ein Auszug an Methoden welche im klassischen als auch im agilen Kontext zur Verfügung stehen untersucht werden.

Die Arbeit geht außerdem auf einen möglichen Einsatz einer hybriden Methode im Requirements Engineering und deren Vor- und Nachteile ein.

Es ist aber nicht Ziel dieser Arbeit, auf die verschiedenen toolunterstützten Möglichkeiten im Anforderungsmanagement einzugehen.

1.4 Methode

Um die zuvor definierten Forschungsfragen zu beantworten wird in einem ersten Schritt die relevante Literatur analysiert. Aus wissenschaftlichen Artikeln bzw. Literaturbeiträgen sollen Potenziale der verschiedenen Methoden aber auch Nachteile erhoben werden. Zu diesem Zweck wird die Literaturrecherche sowohl im Print- als auch im Onlinebereich durchgeführt.

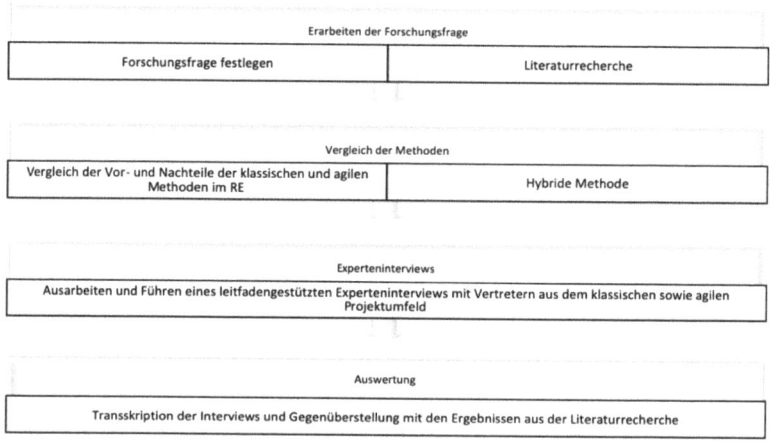

Abbildung 1: Vorgehen auf Basis wissenschaftlicher Methodik (eigene Darstellung)

Neben der Literaturanalyse und Definition der Begrifflichkeiten sowie Vergleich der Methoden wird in einem nächsten Schritt ein Leitfaden für ein Experteninterview entwickelt um darauf basierend das leitfadengestützte Experteninterview mit fünf Personen durchzuführen. Die Interviewpartner wurden nach zuvor festgelegten Kriterien ausgewählt und stammen aus verschiedenen Unternehmen mit Positionen im IT-Umfeld und Bezug zu klassischem oder agilem Requirements Engineering.

Ziel der Experteninterviews ist es einerseits die zuvor analysierten Aussagen mit den Erkenntnissen aus den Interviews gegenüberzustellen und mögliche Abweichungen zu erläutern aber auch neue Erkenntnisse zu gewinnen.

Die Auswertung der leitfadengestützen Experteninterviews erfolgt anhand der qualitativen Inhaltsanalyse nach Mühlfeld. Es erfolgt eine Darstellung der wesentlichen Kernaussagen sowie eine Auswertung der für die Untersuchung relevanten Themenblöcke. Eine zusammenfassende Darstellung führt die theoretischen Ergebnisse mit den Daten der qualitativen Erhebung zusammen und prüft mit einer kritischen Reflexion die Übereinstimmung der gewonnenen Erkenntnisse.

1.5 Aufbau der Arbeit

Die vorliegende Arbeit gliedert sich in insgesamt neun Kapitel. In Kapitel eins wird die Problemstellung sowie die Forschungsfrage und die verwendete Methodik dargestellt.

Als Heranführung an das Thema, wird in Kapitel zwei der Anforderungsbegriff, die Anforderungsarten und das Anforderungsmanagement definiert um den Leser mit den Grundlagen vertraut zu machen und um ein einheitliches Begriffsverständnis zu gewährleisten.

Kapitel drei und vier gehen sowohl auf die klassischen als auch agilen Methoden im Requirements Engineering ein. Es werden einerseits das Wasserfall und V-Modell beschrieben, aber auch die Details von Scrum herausgearbeitet und weitere agile Methoden vorgestellt. So werden auch Potenziale und Herausforderungen von agilen Modellen wie Scrum beschrieben. Darüber hinaus beinhaltet es eine Zusammenfassung beziehungsweise Gegenüberstellung von traditionellen und agilen Praktiken.

Im Anschluss daran widmet sich das fünfte Kapitel den hybriden Methoden und geht besonders auf die Kombinationen aus agilen Methoden und Wasserfall sowie agilen Methoden und RUP ein.

Der praktische Teil beginnt ab Kapitel sechs, wo sich die Arbeit mit der Vorgehensweise und der Beschreibung der empirischen Erhebung beschäftigt. In diesem Teil werden die Methoden des leitfadengestützten Experteninterviews beschrieben, sowie die Auswahl der Interviewpartner und die Aufbereitung und Auswertung der Interviews im Detail dargestellt. Außerdem erfolgt in diesem Kapitel die Ergebnispräsentation der Befragungen.

Die Schlussbetrachtung in Kapitel sieben fasst die wesentlichen Ergebnisse der Arbeit zusammen und beinhaltet ein abschließendes Fazit.

Kapitel acht und neun umfassen sowohl das Literaturverzeichnis als auch den Anhang in dem sich einerseits der Leitfaden für das Interview mit einer Beschreibung des Hype Cycles nach Gartner, sowie die transkribierten Interviews finden.

2 Definition und Eigenschaften

Der Fokus dieses Kapitels ist es die Begrifflichkeiten der Anforderung und des Anforderungsmanagements, welche im weiteren Verlauf der Arbeit verwendet werden zu erklären und einen Überblick über die Eigenschaften bzw. Arten des Requirements Engineering zu geben. Ziel ist es ein einheitliches Verständnis des Begriffes zu erlangen.

2.1 Definition der Anforderung

Requirements Engineering ist eine Disziplin, in der es um Anforderungen geht. So stellen bereits Gause und Weinberg (1989), die Urväter des Requirements Engineering fest, dass „Teams exakt das erstellen, was von ihnen verlangt wird" und vice versa nichts von dem, was ihnen im Vorfeld nicht bekannt war. Fehlerhafte Produkte werden also erstellt, wenn die Vorgaben und somit Anforderungen fehlerhaft oder nicht vorhanden sind.

Anforderungen entsprechen folglich gewünschten Funktionalitäten oder Eigenschaften, die das resultierende Produkt besitzen soll. Sie formulieren, wie Robertson und Robertson (2013) es ausdrücken, einen „Business Need, den das Produkt befriedigen soll."

So gibt es in der Fachliteratur zahlreiche Definitionen des Anforderungsbegriffs. Der Standard ISO/IEC/IEEE 24765 (2017, S.377) definiert den Begriff „Anforderung" folgendermaßen:

- Eine Bedingung oder Fähigkeit, die von einer Person zur Lösung eines Problems oder zur Erreichung eines Ziels benötigt wird.
- Eine Bedingung oder Fähigkeit, die eine Software erfüllen oder besitzen muss, um einen Vertrag, eine Norm oder ein anderes, formell bestimmtes Dokument zu erfüllen.
- Eine dokumentierte Repräsentation einer Bedingung oder Fähigkeit aus den ersten beiden Punkten
- Eine Anforderung inkludiert die quantifizierten und dokumentierten Bedürfnisse, Wünsche, Sehnsüchte des Sponsors, Kunden oder anderer Stakeholder.

In ähnlicher Weise wird der Begriff im Referenzmodell CMMI (2011, S.442) definiert:

- Eigenschaft oder Fähigkeit, die von einem Anwender zur Lösung eines Problems oder zum Erreichen eines Ziels benötigt wird.
- Eigenschaft oder Fähigkeit, die ein Produkt, eine Dienstleistung, ein Produkt- oder Dienstleistungsbestandteil besitzen muss, um eine Lieferantenvereinbarung, eine Norm, eine Spezifikation oder andere formell vorgegebene Dokumente zu erfüllen.
- Dokumentierte Darstellung einer Eigenschaft oder Fähigkeit, wie sie in den beiden oberen Punkten beschrieben werden.

Diese beiden Definitionen unterscheiden sich demnach nur in minimaler Art und Weise. Chemuturi (2013, S.3) spricht aber davon, dass diese Definitionen Einschränkungen besitzen, welcher sich folgendermaßen darstellen:

- ISO IEC/IEEE 24765 und CMMI sprechen nur von sogenannten „needs" (Bedürfnissen), berücksichtigen aber nicht die Erwartungshaltung der Anwender, dass dich das Team mit seinem Fachwissen in die Entwicklung des Softwareproduktes miteinbringt.
- Sie betrachten die Einschränkungen der Benutzer nicht, welche im Zuge ihrer täglichen operativen Arbeit mit dem System auftreten können
- Es werden keine Schnittstellen zu anderen Systemen betrachtet wie sie z.B. bei ERP oder CRM Software der Fall sind.
- Die Verantwortlichen und Stakeholder von Anforderungen werden nicht betrachtet. Dadurch ist es möglich wichtige Stakeholder als Quelle von Anforderungen zu übersehen.
- Unausgesprochene Bedürfnisse werden nicht berücksichtigt, da nur dokumentierte Anforderungen an das System umgesetzt werden.

Ergo definiert Chemuturi (2013, S.3) seine Definition von „Anforderung" zusammenfassend wie folgt:

> „A requirement is a need, expectation, constraint or interface of any stakeholders that must be fulfilled by the proposed software product during its development ".

Definition und Eigenschaften

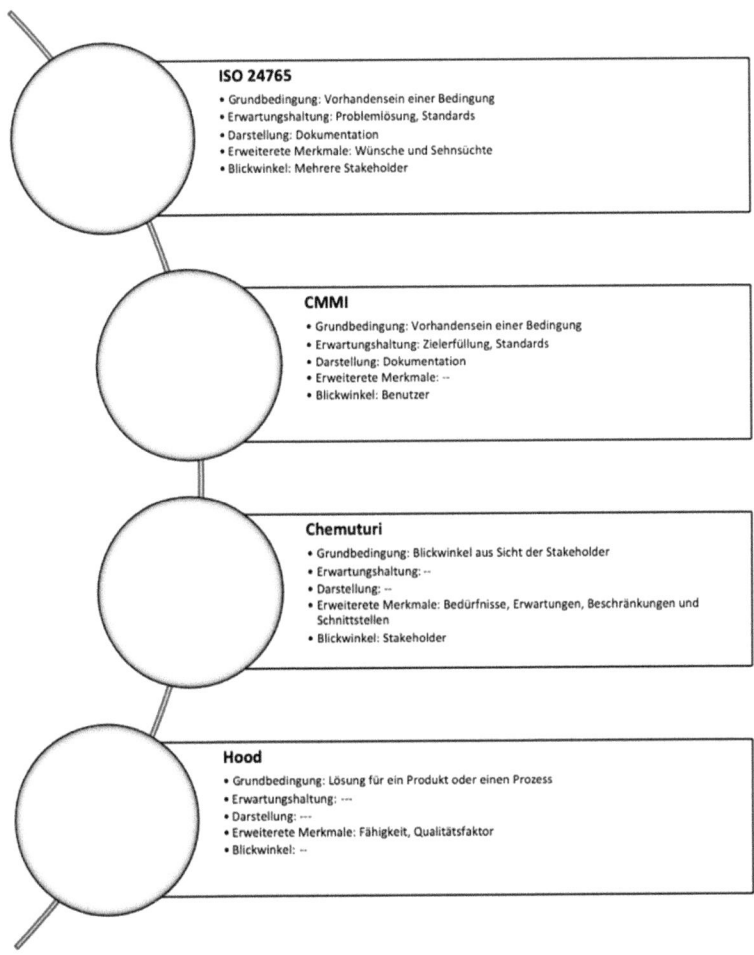

Abbildung 2: Definitionen des Anforderungsbegriffs (eigene Darstellung)

2.2 Anforderungsarten nach Pohl

Pohl (2008, S.14) beschreibt die folgenden drei Anforderungsarten, welche wie in Abbildung 2.2. gegliedert sind.

- Funktionale Anforderungen
- Qualitätsanforderungen
- Rahmenbedingungen

Die nichtfunktionalen Anforderungen werden von Pohl bewusst nicht dargestellt, da er diese als unterspezifizierte funktionale Anforderungen oder Qualitätsanforderungen sieht.

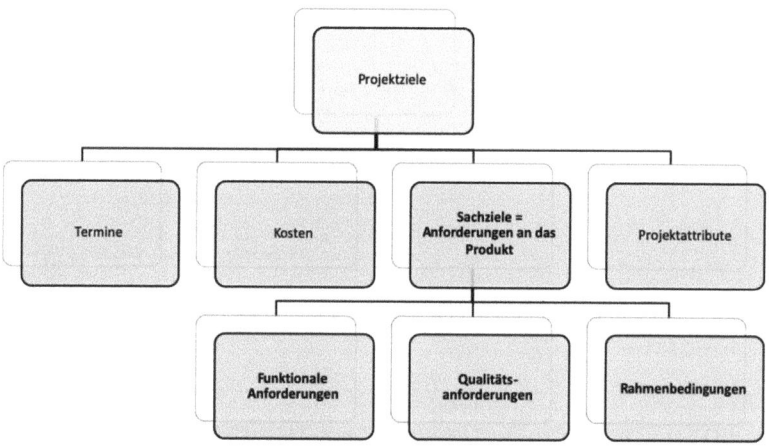

Abbildung 3: Gliederung der Anforderungsarten (eigene Darstellung)

2.2.1 Funktionale Anforderungen

Eine funktionale Anforderung definiert eine vom System bzw. von einer Systemkomponente bereitzustellende Funktion oder einen Service. Als Benutzeranforderung kann eine funktionale Anforderung sehr allgemein beschrieben sein. Als Bestandteil einer Spezifikation beschreibt eine funktionale Anforderung detailliert die Eingaben und Ausgaben sowie bekannte Ausnahmen. (Sommerville, 2018, S. 124-125)

2.2.2 Qualitätsanforderungen

Qualitätsanforderungen definieren eine qualitative Eigenschaft des gesamten Systems, einer Systemkomponente oder einer Funktion und somit gewisse Qualitätsmerkmale wie beispielsweise die Performanz eines Systems, seine Zuverlässigkeit oder die geforderte Ausfallssicherheit. (Pohl, 2008, S.15-16)

2.2.3 Rahmenbedingungen

Rahmenbedingungen oder „Projektbeschränkungen" wie sie Robertson & Robertson (2013, S. 28) nennen sind organisatorische oder technologische Anforderungen, welche die Art und Weise einschränken wie ein System entwickelt wird.

2.3 Anforderungsarten nach Young

Young (2004, S.49) unterscheidet differenzierte Typen von Anforderungen und stellt sie in einen prozessualen Zusammenhang. Anforderungen werden als abstraktes Konstrukt aus verschiedenen Quellen im Rahmen eines Anforderungsmanagementprozesses sortiert und münden in spezifischen Beschreibungen für Systeme.

Kundenwünsche und -erwartungen:

- Fachliche Anforderunge
- Anforderungen der Anwender
- Anforderungen an das Produkt
- Umweltanforderungen
- Unbekannte Anforderungen

Diese werden analysiert und entsprechend beschrieben:

- „High-Level" Anforderungen
- Funktionale Anforderungen
- Nichtfunktionale Anforderungen
    - Systemeigenschaften (z.B. Sicherheit)
    - Spezielle Anforderungen an die Entwicklung
- Abgeleitete Anforderungen und Designbeschränkungen
- Leistungsanforderungen
- Schnittstellenanforderungen

Getrennt werden die Systemanforderungen in:

- Subsysteme
- Systemkomponenten (Hardware, Software, Schulung, Dokumentation)

2.4 Definition des Anforderungsmanagements

Unter der Begrifflichkeit des Anforderungsmanagements werden verschiedene Passagen, die grundlegend die fundierte und strukturierte Sammlung, Dokumentation, Klassifikation und Pflege der Anforderungen an ein zu entwickelndes System zum Thema haben, verstanden. (Robertson & Robertson, 2013)

Laut IREB (Pohl & Rupp, 2015) wird die Disziplin des Anforderungsmanagements folgendermaßen beschrieben:

Das Requirements Engineering ist ein systematischer und disziplinierter Ansatz zur Spezifikation und zum Management von Anforderungen mit den folgenden Zielen:

- die relevanten Anforderungen zu kennen, Konsens unter den Stakeholdern über die Anforderungen herzustellen, die Anforderungen konform zu vorgegebenen Standards zu dokumentieren und die Anforderungen systematisch zu managen.
- die Wünsche und Bedürfnisse der Stakeholder zu verstehen und zu dokumentieren
- die Anforderungen zu spezifizieren und zu managen, um das Risiko zu minimieren, ein System auszuliefern, das nicht den Wünschen und Bedürfnissen der Stakeholder entspricht.

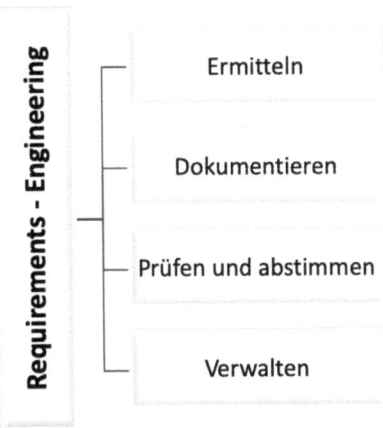

Abbildung 4: Haupttätigkeiten des RE (nach Rupp et al, 2014, S.14)

So ist ein Teil des Anforderungsmanagements, nämlich die Dokumentation in den letzten Jahren eines der meistdiskutierten Themen in diesem Zusammenhang. Die Dokumentationserstellung und -pflege wird als unerwünschte Aufgabe wahrgenommen, was auch durch die Fehlinterpretation der agilen Werte unterstützt wird. Aussagen wie: „Das Wissen befindet sich doch in den Köpfen der Projektbeteiligten" werden oft benutzt um das Thema Dokumentation umgehen zu können. Doch Wissen verfällt bzw. diffundiert im Laufe der Zeit wie die Vergessenskurve nach Ebbinghaus zeigt. (Rupp et al, 2014, S.19)

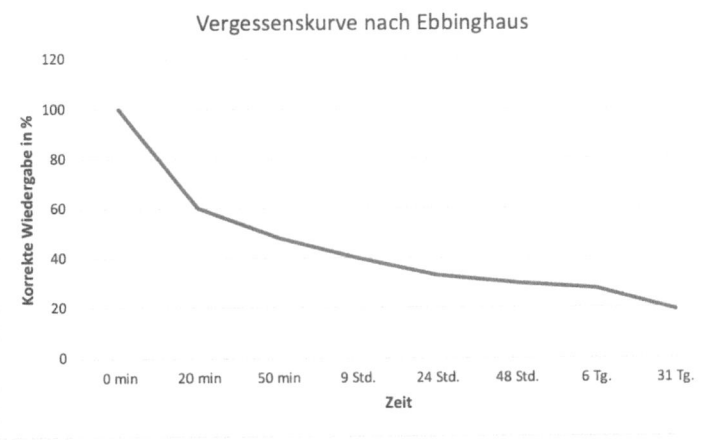

Abbildung 5: Vergessenskurve nach Ebbinghaus (nach Rupp et al, 2014, S.20)

3 Klassische Methoden

Das Anforderungsmanagement im klassischen Sinne gehört zu den elementarsten Bereichen der Softwareentwicklung, dementsprechend ist es auch stark standardisiert und in den ISO Normen ISO/IEC 12207 und ISO/IEC 15504 wiederzufinden. Außerdem in der Anwendung formalisierter Methoden zur Spezifikation wie beispielsweise Lasten- und Pflichtenhefte. Diese Methoden werden meist in einem wasserfallartigen Modell implementiert, welches vorschreibt, dass Auftraggeber und Auftragnehmer die Anforderungen an das System „Up-Front", also bereits vor Projektbeginn im Detail definieren. Im Verlauf des Projektes werden diese Anforderungen dann Schritt für Schritt abgearbeitet. Diese Vorgehensweise erscheint aus Business-Sicht immer noch sehr attraktiv, da es die Allokation von Ressourcen vereinfacht und Eventualitäten ausschließt. In der Vergangenheit des Wasserfall-Modells war es noch möglich, modellhafte Anforderungen zu Beginn präzise vorzuschreiben, die durch das ganze Projekt hinweg rigoros durchexerziert wurden. Ob diese Annahmen tatsächlich zutreffend waren, wurde erst in einer sehr späten Phase oder gar erst am Ende des Projekts deutlich. (Möller L., 2019, S. 47 - 48)

3.1 ISO/IEC 12207

Wie bereits in Kapitel 3 erwähnt ist das klassische Requirements Engineering fest in den ISO Normen verankert, der Umfang der ISO 12207:2017 wird in diesem Kapitel näher beschrieben.

3.1.1 ISO/IEC 12207:2017

Dieser internationale Standard legt einen gemeinsamen Rahmen für Software-Lebenszyklusprozesse mit einer klar definierten Terminologie fest, auf den die Softwareindustrie Bezug nehmen kann. Er enthält Prozesse, Aktivitäten und Aufgaben, die bei der Anschaffung eines Softwaresystems, eines Produkts oder einer Dienstleistung sowie bei der Bereitstellung, Entwicklung, dem Betrieb, der Wartung und der Entsorgung von Softwareprodukten anzuwenden sind. Dies geschieht durch die Einbeziehung von Stakeholdern mit dem Ziel, die Kundenzufriedenheit zu erreichen. Dieser internationale Standard gilt für den Erwerb von Softwaresystemen, Produkten und Dienstleistungen, für die Lieferung, Entwicklung, den Betrieb, die Wartung und die Entsorgung von Softwareprodukten und den Softwareteil eines jeden Systems, unabhängig davon, ob er intern oder extern für eine Organisation durchgeführt wird. Software umfasst den Softwareanteil der Firmware. Diejenigen Aspekte der Systemdefinition, die erforderlich sind, um den Kontext für

Softwareprodukte und -dienstleistungen bereitzustellen, sind eingeschlossen. Dieser internationale Standard stellt auch Prozesse zur Verfügung, die zur Definition, Steuerung und Verbesserung von Software-Lebenszyklusprozessen innerhalb einer Organisation oder eines Projekts eingesetzt werden können. (ISO/IEC/IEEE 12207, 2017, S.1)

3.2 RE in verschiedenen klassischen Vorgehensmodellen

Das Requirements Engineering ist in Frameworks verschiedener klassischer Vorgehensmodelle eingebunden, welche im Zuge der vorliegenden Arbeit näher beleuchtet werden sollen.

3.2.1 Wasserfall Modell

Beim Wasserfallmodell handelt es sich um ein lineares Vorgehensmodell in der Softwareentwicklung, welches sich in die folgenden sechs Phasen gliedert und auch jeweils ein Dokumentationsergebnis enthält:

- Machbarkeitsstudie
- Anforderungsanalyse
- Entwurf
- Codierung und Modultest
- Integration und Systemtest
- Installation und Wartung

Ein wichtiges Merkmal an diesem Modell ist, dass die Phasen konsequent nacheinander ausgeführt werden. Das bedeutet in einem weiteren Schritt auch, dass neue Anforderungen beziehungsweise Erweiterungen und Anpassungen nur mit einem Rücksprung von einer in die nächstliegende Vorphase möglich sind. (Gabler Wirtschaftslexikon, 2019)

3.2.2 V-Modell XT

Rupp et. al (2014, S. 53–54) beschreiben das V-Modell XT als ein flexibles Vorgehensmodell, welches zum Planen und Durchführen von Systementwicklungsprojekten entworfen wurde und sich aus modular aufeinander aufbauenden Bausteinen zusammensetzt die projektspezifisch angepasst werden können.

Klassische Methoden

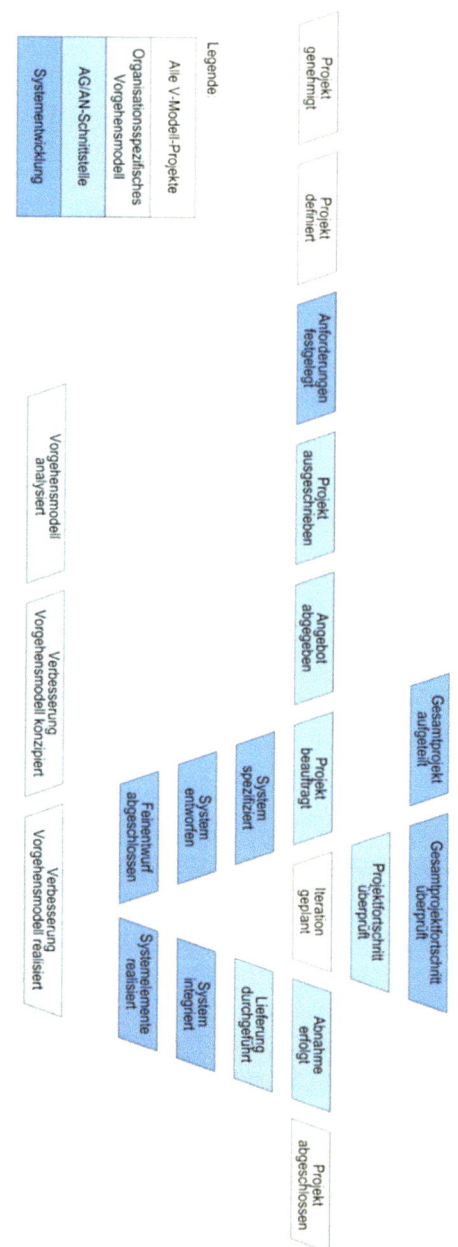

Abbildung 6: Projektdurchführungsstrategie (V-Modell XT, Version 1.4., S. 21)

So schreiben Friedrich et al (2009, S. 3) in ihrem Buch:

„Herausragende Kennzeichen des V-Modell XT sind seine Anpassbarkeit und Flexibilität. Das V-Modell XT wurde so konzipiert, dass es für unterschiedliche Projektsituationen und Projektgrößen angewendet werden kann. Das Ziel ist es, soviel Dokumentation wie nötig, aber so wenig wie möglich zu erzeugen."

Auch im V-Modell XT müssen Anforderungen erfasst und strukturiert werden, hier spricht man vom Produkt „Anforderungen" welches im Vorgehensbaustein „Anforderungsfestlegung" enthalten ist und auch bereits die Verantwortlichkeiten und Aktivitäten enthält wie in Abbildung 3.3. ersichtlich ist. (Friedrich et al, 2009, S. 5-6)

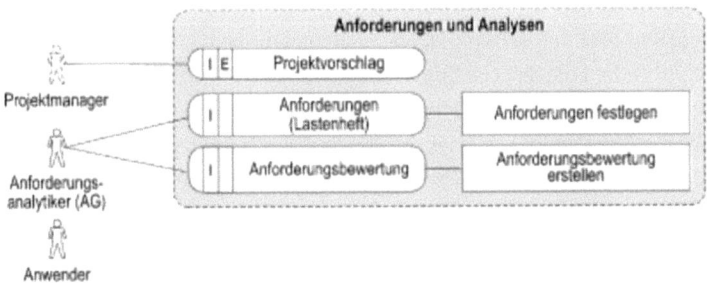

Abbildung 7: Vorgehensbaustein Anforderungsfestlegung (Friedrich et al, 2009, S. 6)

4 Agile Methoden

Im agilen Umfeld haben das Ergebnis und der Wert für den Kunden höchste Priorität, aus diesem Grund gibt es anstelle einer einmaligen umfassenden Vorausplanung wie einem Lasten-/Pflichtenheft, eine ständig rollierende Planung in Verbindung mit zügigen Feedbackschleifen durch kurze Iterationen. Diese Vorgehensweise hat den Vorteil, dass der Kunde sehr schnell erste Ergebnisse sehen und den Prototypen bestenfalls auch sofort verwenden bzw. testen kann. Ein starker Fokus liegt im agilen Umfeld auf den Themen Transparenz, Kommunikation und einem Team, welches sich selbst steuert. Dennoch gibt es neben den Werten welche sich im Agilen Manifest oder auch daraus abgeleiteten Methoden wie Scrum oder Extreme Programming finden, auch weitere Aspekte wie z.B. Requirements Engineering die kritisch für den Erfolg von Softwareprojekten sind. Für die erfolgreiche Einführung und den Einsatz agiler Vorgehensweisen ist es daher essentiell, dass einerseits eine Fokussierung des Teams bzw. der Organisation auf die agilen Werten und einer disziplinierten Anwendung der Regeln der von der Organisation gewählten agilen Vorgehensweise erfolgt, und andererseits auch alle anderen für den Erfolg wesentlichen Themen berücksichtigt werden, sodass diese in einer sinnvollen Art und Weise zu einem effektiven Framework für die Softwareentwicklung integriert werden können. (Bergsmann, 2014, S.3)

Bergsmann (2014, S.2) beschreibt weiter, dass das Agile Manifest als ein Meilenstein in der Geschichte der Softwareentwicklung gilt. Die zwölf folgenden Prinzipien hatten eine so große Auswirkung auf die Softwareentwicklung, dass sich darauf basierend alle agilen Methoden etablieren und entwickeln konnten.

Die zwölf Prinzipien hinter dem Agilen Manifest nach Beck et. al (2009):

(1) Unsere höchste Priorität ist es, den Kunden durch frühe und kontinuierliche Auslieferung wertvoller Software zufrieden zu stellen.

(2) Heiße Anforderungsänderungen selbst spät in der Entwicklung willkommen. Agile Prozesse nutzen Veränderungen zum Wettbewerbsvorteil des Kunden.

(3) Liefere funktionierende Software regelmäßig innerhalb weniger Wochen oder Monate und bevorzuge dabei die kürzere Zeitspanne.

(4) Fachexperten und Entwickler müssen während des Projekts täglich zusammenarbeiten.

(5) Errichte Projekte rund um motivierte Individuen. Gib ihnen das Umfeld und die Unterstützung, die sie benötigen, und vertraue darauf, dass sie die Aufgabe erledigen.

(6) Die effizienteste und effektivste Methode, Informationen an und innerhalb eines Entwicklungsteams zu übermitteln, ist im Gespräch von Angesicht zu Angesicht.

(7) Funktionierende Software ist das wichtigste Fortschrittsmaß.

(8) Agile Prozesse fördern nachhaltige Entwicklung. Die Auftraggeber, Entwickler und Benutzer sollten ein gleichmäßiges Tempo auf unbegrenzte Zeit halten können.

(9) Ständiges Augenmerk auf technische Exzellenz und gutes Design fördert Agilität.

(10) Einfachheit – die Kunst, die Menge nicht getaner Arbeit zu maximieren – ist essenziell.

(11) Die besten Architekturen, Anforderungen und Entwürfe entstehen durch selbstorganisierte Teams.

(12) In regelmäßigen Abständen reflektiert das Team, wie es effektiver werden kann und passt sein Verhalten entsprechend an.

Ziel agiler Methoden ist es, Softwareentwicklungsunternehmen bei der schnellen Entwicklung und Veränderung ihrer Produkte und Dienstleistungen zu unterstützen und so die Fähigkeit zu schaffen, sich an dynamische Marktbedingungen anzupassen. (Highsmith & Cockburn, 2001, S.120-127)

Obwohl agile Methoden nur in kleinen bis mittelgroßen Projekten als geeignet angesehen werden (Highsmith & Cockburn, 2001, S.120-127; Boehm, 2002 S. 64-69; Turk & Rumpe, 2005, S.62-87), erkennen Softwareentwicklungsunternehmen zunehmend die Notwendigkeit der Agilität in fast jedem durchgeführten Projekt (Lyytinen & Rose, 2006, S.183–199; Mathiassen & Pries-Heje, 2006, S.116–119) aufgrund von Herausforderungen, die sich aus einer sich ändernden Umgebung, hochkomplexen Benutzeranforderungen und Termindruck ergeben (Boehm, 2002, S. 64-69; Maurer & Melnik, 2006, S.1057–1058; Abrahamsson & Still, 2007, S.410-411). Der Einsatz agiler Methoden stellt jedoch auch Herausforderungen dar, wie z.B. das Fehlen einer ausreichenden Architekturplanung, die Überbetonung früher Ergebnisse und eine geringe Testabdeckung (Highsmith & Cockburn, 2001, S.120-127; Boehm, 2002, S. 64-69).

Es wurden Anstrengungen unternommen, agile Methoden in großen, komplexen Projekten anzuwenden, um schnellere Entwicklungszyklen zu erreichen, jedoch mit gemischten Ergebnissen (Elshamy und Elssamadisy, 2006, S.164–168; Reifer, 2003, S.14–15). Einige Kritiker argumentieren jedoch, dass agile Methoden in großen, komplexen Projekten nicht eingesetzt werden können (Rasmussen, 2003, S.21-28)

4.1 Scrum

Scrum ist ein aus dem Rugby entlehnter Begriff, der auf Deutsch soviel wie „Gedränge" bedeutet und auf Scrum übertragen für Zusammenhalt im Team und das rigide befolgenden von wenigen Regeln steht. (Gloger B., 2016, S. 6)

Ken Schwaber veröffentlichte auf der OOPSLA '95 den ersten Konferenzbeitrag über Scrum. Die Grundthese dieses Beitrags war, dass Scrum akzeptiert, dass der Entwicklungsprozess nicht vorherzusehen ist. Das Produkt ist die bestmögliche Software, welche entsteht, wenn man die Faktoren: Kosten, Funktionalität, Zeit und Qualität entsprechend berücksichtigt. (Gloger B., 2016, S. 21)

Es basiert auf den Prinzipien und Werten aus dem agilen Manifest von Beck et. al. und stellt sich in Hinblick auf den Prozess wie in Abbildung 4.1. ersichtlich dar.

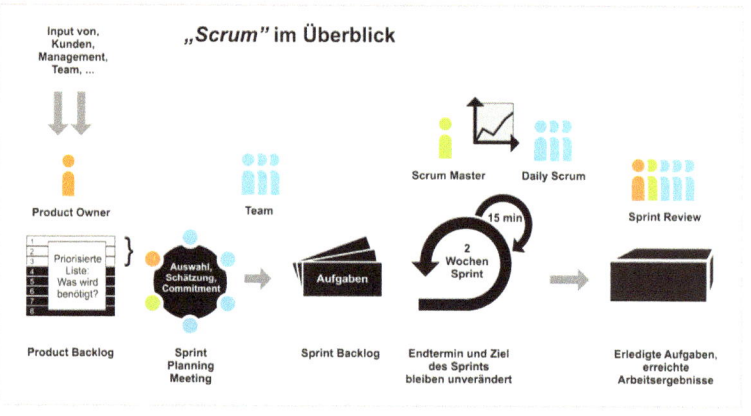

Abbildung 8: Scrum Prozess (Kullmann et al, 2013, S. 15)

Gloger (2016, S. 56) erwähnt außerdem, dass durch Scrum der Teamgeist und die Motivation gestärkt werden.

4.1.1 Rollen in Scrum

Scrum kennt insgesamt 6 Rollen, wobei die wichtigsten in diesem Unterkapitel näher erläutert werden.

- Product Owner
- Development Team
- Scrum Master
- Kunden
- Anwender
- Management

4.1.1.1 Product Owner

Der Product Owner legt die Ziele der Entwicklung, die umzusetzenden Eigenschaften und ihre Prioritäten fest. Er vertritt die Anforderungen der Anwender, der Kunden sowie des Managements und trägt die wirtschaftliche Verantwortung für das Projekt. Außerdem steuert der Product Owner das Projekt inhaltlich, muss notfalls Aufgaben um priorisieren, Entscheidungen treffen und betreut das Product Backlog. (Kullmann et al., 2013, S. 15)

4.1.1.2 Development Team

Das Team ist selbstorganisiert aufgestellt und auch dafür verantwortlich Aufwandschätzungen für die eigenen Tasks zu übernehmen. Außerdem realisiert das Team souverän die Anforderungen aus dem Product Backlog und verpflichtet sich dazu, in einem bestimmten Zeitraum, welcher den jeweiligen Sprints entspricht, bestimmte Ziele zu erreichen (Kullmann et al., 2013, S. 16).

4.1.1.3 Scrum Master

Der Scrum Master sorgt für ein störungsfreies und produktives Arbeiten und ist außerdem dafür zuständig, dass Verbesserungspotentiale ermittelt und die Arbeitsbedingungen in den Developer Teams optimiert werden. Zusätzlich dazu coacht und berät er das Team. Im Gegensatz zu den klassischen Methoden, hat dieser aber weder Weisungsbefugnis noch inhaltliche Verantwortung für das zu entwickelnde System. (Kullmann et al., 2013, S. 16).

Durch diese Aufgaben und den Entschluss einfach „zu tun" ohne Legitimation durch das Management entwickelt der Scrum Master einen Robin-Hood Ansatz der Führung. (Gloger B., 2016, S. 282)

4.1.2 Aktivitäten in Scrum

Scrum besteht insgesamt aus sechs Arten von Meetings, die den Entwicklungsprozess steuern.

4.1.2.1 Sprint Planning I

Beim Sprint Planning I steht im Vordergrund, welches neue Inkrement ein jeweiliger Sprint realisieren kann und wie das Development Team dafür aufgestellt werden muss. Am Sprint Planning I, welches immer zu Beginn eines Sprints durchgeführt wird, nehmen sowohl das Development Team, der Product Owner als auch der Scrum Master teil. Einerseits enthält es die inhaltliche Planung des jeweiligen Sprints in Form eines Backlogs, andererseits das Commitment zu den jeweiligen persönlichen Resultaten und zur Einhaltung der Termine (Kullmann et al., 2013, S. 18).

4.1.2.2 Sprint Planning II

Gegenübergestellt entspricht das Sprint Planning I eher einer Anforderungsanalyse, wobei es sich beim Sprint Planning II um ein Design Meeting handelt in dem das Team an Design, Spezifikation und Architektur arbeitet. Die Zuständigkeit für dieses Meeting liegt bei dem Team, welches den Sprint auf technischer Ebene plant. Dabei entwickelt das Team erste Vorstellungen davon wie die Anforderungen aus dem Sprint Planning I umgesetzt werden sollen. In diesem Prozessabschnitt entsteht das Sprint Backlog, eine Liste an Aufgaben, welche das Team umsetzen muss um die Anforderungen aus den Product Backlog Items abzudecken. (Gloger B., 2016, S. 9-10)

4.1.2.3 Daily Scrum

Während des Sprint Prozesses, führen das Team und der Scrum Master ein tägliches ca. 15-minütiges „Daily Scrum Meeting" durch, welches immer zur gleichen Zeit am selben Ort stattfinden sollte. Inhalt dieses Meetings ist ein Austausch zwischen dem Development Team und dem Scrum Master, wo es darum geht zu erzählen was das Entwicklungsteam seit dem letzten Daily Scrum Meeting getan hat und was es bis zum nächsten Meeting tun wird. Wichtig dabei ist es auch die Hindernisse zu kommunizieren, sodass der Scrum Master die Möglichkeit hat diese Schwierigkeiten aus dem Weg zu räumen. Fachliche Themen sollen erst im Anschluss ausgetauscht werden und nur zwischen den Betroffenen stattfinden (Kullmann et al., 2013, S. 18).

4.1.2.4 Sprint Review

Beim Sprint Review wird analysiert, ob das im Sprint Backlog formulierte Ziel aus Sicht des Product Owners erreicht wurde. Hier nimmt neben dem Entwicklungsteam und dem Scrum Master auch der Product Owner teil, gegebenenfalls auch weitere Stakeholder wie z.B. der Kunde. In diesem Meeting werden die Ergebnisse aus dem finalisierten Sprint präsentiert (Kullmann et al., 2013, S. 18).

4.1.2.5 Sprint Retrospektive

Nach dem Sprint Review findet in gleicher Zusammensetzung, jedoch ohne den Kunden, die Sprint Retrospektive statt. In diesem Meeting wird reflektiert was gut lief und was verbessert werden kann, die Ergebnisse fließen sofort in den nächsten Sprint ein. (Kullmann et al., 2013, S. 18).

4.1.2.6 Backlog Refinement

Das Backlog Refinement ist ein kontinuierlicher Prozess zur Pflege und Weiterentwicklung des Product Backlog. (Lang M., 2016, S. 115)

4.1.3 Artefakte

Die Artefakte stellen die Resultate des Scrum Prozesses dar und sollen in diesem Unterkapitel nur kurz erwähnt werden (Gloger B., 2016, S. 13 – 14)

- Produktvision – das angestrebte Produkt
- Product Backlog Item (User Story) – zu liefernde Funktionalitäten
- Product Backlog – Liste von Product Backlog Items
- Sprint Goal – das Ziel des Sprints
- Aufgaben – alles was getan werden muss um das Ziel zu erreichen
- Releaseplan – Informationsinstrument
- Impediment Backlog – Liste aller Hindernisse
- Produktinkrement – Usable Software

4.1.4 RE Framework im Scrum Umfeld

Requirements Engineering im Scrum Umfeld ist iterativ und nicht endgültig vordefiniert, sondern entwickelt sich bei jedem Sprint weiter. So kommen in jeder Sprint Iteration neue Anforderungen von Kundenseite, die während des nächsten Sprints umzusetzen sind. Der Vorteil dieser Vorgehensweise ist, dass man dadurch das der Kunde am Beginn des Projektes noch nicht alle Anforderungen kennt, er sich durch das ständig weiterentwickelnde System, seiner Anforderungen immer klarer wird. Aber auch das Team hat durch den Zugriff auf den Kunden den großen Vorteil die Anforderungen besser zu verstehen. (Darwish N. R. & Megahed S. (2016), S. 27)

Darwish & Megahed (2016, S. 27 - 28) erwähnen außerdem folgende Bereiche im Anforderungsprozess und wie sie mittels Scrum Techniken umgesetzt werden können.

4.1.4.1 Anforderungserhebung

In dieser Phase muss das Team alle Informationen über die Anforderungen an das zu entwickelnde System zusammentragen, was mit Hilfe der folgenden Techniken möglich ist:

1. Befragung des Kunden um einen ungefilterten Wissenstransfer zu gewährleisten
2. Prototyping wird als visuelles Werkzeug angesehen um dem Kunden das mögliche System zu veranschaulichen.
3. User Stories werden vom Kunden geschrieben um die Anforderungen und Resultate des Produktes zu kommunizieren. Das Team schreibt die User Stories im Scrum Ansatz dann in sogenannter „business language" um, damit die Anforderungen besser verstanden und dann auch umgesetzt werden können.

4.1.4.2 Anforderungsanalyse

Der Hauptzweck dieser Phase ist es sicherzustellen, dass die in der Erhebungsphase beschlossenen Anforderungen klar, vollständig und konsistent sind. Konflikte werden durch Priorisierung der Anforderungen gemeinsam mit den Anwendern gelöst. Relevant in diesem Zusammenhang sind vor allem gemeinsame Anwendungsdesign Meetings.

4.1.4.3 Anforderungsvalidierung

Dieser Prozess hilft, die Qualität der Software zu verbessern. Die wichtigsten Praktiken für die Anforderungsvalidierung in Scrum sind:

4.1.4.3.1 Review Meetings

Das Testen im Scrum-Ansatz erfolgt nach jedem Review, um prüfen, ob das System in der erwarteten Weise reagiert.

4.1.4.3.2 Anforderungsdokumentation

Anforderungsdokumentation ist ein in Scrum eher unterrepräsentierter Prozess, wird aber als Kommunikation mit dem Anwender gesehen. User Cases beschreiben die Interaktion zwischen Anwender und System und werden im Scrum Ansatz als Dokumentation gesehen. Auch ein Reverse-Engineering-Verfahren kann zur Rückführung des Codes in die Dokumentation eingesetzt werden.

4.1.4.3.3 Anforderungsmanagement

Der Scrum Ansatz geht grundsätzlich davon aus, dass Änderungen unvermeidlich sind. Das Management von Anforderungsänderungen wird mit folgenden Methoden durchgeführt:

1. Iteratives Requirements Engineering
2. Kurze Release Zyklen
3. Durchführung von Sprint Planungsmeetings und Sprint Review Meetings um das Kundenfeedback direkt im nächsten Sprint berücksichtigen zu können

4.1.5 Potenziale von Scrum im Requirements Engineering

Kullmann et al. (2013, S. 20 – 23) beschreiben einige Aspekte der Effekte von Scrum an Hand ihrer Erfahrungen in verschiedenen Unternehmen, welche in diesem Subkapitel dargestellt werden sollen.

4.1.6 Scrum schafft Transparenz

Scrum schafft durch klare Kommunikationsstrukturen, Fokussierung auf Arbeitspakete und einen überschaubaren zeitlichen Horizont Transparenz über die zu leistende Arbeit. Auch die Tatsache, dass Aufwandschätzungen für die Entwicklung eines Teilprodukts gemeinsam getroffen werden, dient als gute Messlatte ob Product Owner und Team die gleiche Vorstellung von den Anforderungen haben. In der Praxis zeigte sich, dass, wenn diese Schätzungen weit auseinander lagen, in der Regel die Anforderungen nicht klar genug beschrieben war. Für das Team liegt der Vorteil der Transparenz darin, dass sie sich sicher sein können, an den jeweils wichtigsten und dringlichsten Aufgaben zu arbeiten. Außerdem senken die regelmäßigen Meetings die „geistigen Rüstzeiten" und verhindern Unterbrechungen, wodurch eine deutliche Steigerung der Produktivität und eine Senkung der persönlich empfundenen Beanspruchung verbunden ist.

4.1.6.1 Scrum sorgt für Entlastung

Scrum schafft mit seinem klar definierten und einfachen Konzept der Rollenverteilung eine Entlastung der bisher üblichen Rolle eines Projektleiters im klassischen Umfeld, der im Zweifelsfall für alles zuständig und verantwortlich war. Gleichzeitig sorgt das Konzept von Aufgaben- und Verantwortungsteilung dafür, dass innerhalb der Development Teams selbstorganisiertes Arbeiten möglich wird, was wiederum positive Auswirkungen auf die Motivation hat.

Scrum schafft hier mit einer Kombination aus Handlungsspielraum und Leitplanken genau jenen Spielraum, der im klassischen Umfeld oft fehlt.

4.1.6.2 Scrum schafft eine günstige Lernumgebung

Der Scrum Master hat die Aufgabe, Diskussionen so zu gestalten, dass Fachdiskussionen und Arbeitsplanung getrennt bleiben, um so ein definiertes Zeitfenster für fachliches Lernen zu bieten. Außerdem sorgt Scrum durch kurze Planungszyklen und gegenseitige Abstimmung dafür, dass im Entwicklungsprozess von Einzelnen gewonnene Erkenntnisse, in den weiteren Sprints von allen genutzt werden können.

4.1.6.3 Scrum fordert und fördert selbstorganisiertes Arbeiten

Scrum hat ein festes Set an Regeln für die Selbststeuerung etabliert und ermöglicht so ein Zusammenführen von oft getrennten Perspektiven, was zu einer ganzheitlichen Arbeitsaufgabe und damit mehr Motivation und einem abnehmenden Belastungsempfinden führt.

4.1.6.4 Scrum trägt zur Gesundheitsförderung bei

Die Arbeit im Scrum Umfeld ermöglicht es den Mitarbeitern, die eigene Arbeitsorganisation gesundheitsförderlich zu beeinflussen. Zum einen, indem die Teams fokussiert arbeiten und sich klare Ziele setzen, welche dann auch realistisch, erreichbar, individuell anpassbar und beeinflussbar sowie messbar formuliert, terminiert, persönlich bedeutsam und kompatibel mit anderen Zielen sind. Zum anderen ist mit der ganzheitlichen Aufgabenbearbeitung welche aus Planung, Priorisierung, Auswahl der Mittel, Durchführung und Ergebniskontrolle besteht, im Allgemeinen ein erheblicher Lerneffekt hinsichtlich der Entwicklung einer Kompetenz zur realistischen Planung von Aufwänden und Anforderungen bei der Aufgabenerfüllung verbunden.

4.1.6.5 Scrum hilft bei der Bewältigung der demografischen Entwicklung

Scrum unterstützt außerdem innovative Formen für alternsgerechtes Arbeiten zu entwickeln und mit dem Ausscheiden älterer „Knowhow" Träger konstruktiv umzugehen. Gerade die Zusammenstellung altersmäßig heterogener Teams ist für junge sowie älteren Teammitglieder bereichernd. So findet durch die regelmäßigen Scrum Meetings gezielter Wissenstransfer zwischen älteren und jüngeren Mitarbeitern in beide Richtungen statt. Erfahrungen aus Projekten, wie die Realisierbarkeit unterschiedlicher Lösungen oder Spezifika zu bestimmten Kunden, werden hauptsächlich von den älteren an die jüngeren Kollegen weitergegeben. Die Jüngeren bringen oft neue Methoden ein, die ihnen aus dem Studium oder anderen Lernsituationen bekannt sind.

Interessante Effekte sind auch in der Studie von Benefield G. (2008, S. 2-3) über die Einführung von Scrum Methoden bei Yahoo zu finden. 80% der Befragten gaben an, dass Scrum ihnen dabei geholfen hat die Ziele des Teams besser zu verstehen wie man in Abbildung 4.2. gut sehen kann.

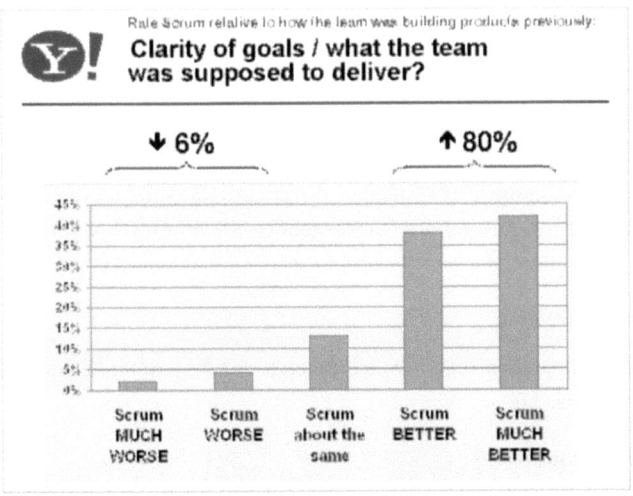

Abbildung 9: Verständnis über die Ziele (Benefield G., 2008, S. 2)

64% waren der Meinung, dass der „Business Value" ihres Produktes bereits innerhalb von 30 Tagen gestiegen war und 68% der Befragten gaben an, dass viel weniger Zeit mit Hilfe von Scrum verschwendet worden war. Das durchschnittliche Scrum Team bei Yahoo steigerte die Schnelligkeit im Entwicklungsprozess um 35%.

4.1.7 Herausforderungen von Scrum

Es ist aber auch nicht außer Acht zu lassen wie Sutherland J. et al (2009, S.1) erwähnen, dass die Mehrheit der Scrum Teams eine derartige Leistungssteigerung um das 5 - 10 fache gegenüber Wasserfall Methoden nicht erreicht. Eine Steigerung ist nur zu erreichen, wenn man sich gänzlich auf Scrum einlässt, unterstützt durch eine rigorose Einführung mit Hilfe eines erfahrenen Scrum Experten.

Die Umfrageergebnisse und Interviewauswertungen von Akif R. & Majeed H. (2012, S.2 - 3) ergaben außerdem folgende mögliche Herausforderungen:

4.1.7.1 Code Qualität

Auf Grund der Deadlines innerhalb der kurzzyklischen Sprintphasen und des daraus entstandenen Drucks auf die Entwicklerteams kann es zu Einbußen in der Qualität des Softwarecodes kommen.

4.1.7.2 Störungen des Entwicklerteams

Product Owner, Scrum Master aber auch das Management stören das Entwicklerteam während eines Sprints mit Statusfragen, wie man es aus traditionellen Modellen kennt. Aber auch der Kunde möchte Anforderungen während eines Sprints verändern und stört somit den Fluss des Entwickelns während eines Sprints.

4.1.7.3 Dauer der Sprints

Die Sprintdauer spielt eine große Rolle für die Effektivität von Scrum und ist daher mit Bedacht zu wählen. Aus den Umfrageergebnissen von Akif R. & Majeed H. geht hervor, dass die problematischste Sprintdauer ein einwöchiger Zyklus ist.

4.1.7.4 Fehlendes Training

Ein großes Problem stellen fehlende Schulungen der Methoden beziehungsweise des Scrum Prozesses dar.

4.1.7.5 Backlog Management

Scrum bietet zu wenig Anleitung was die Struktur des Backlog betrifft und die Scrum Management Tools, welche am Markt verfügbar sind, sind entweder zu komplex und zu teuer oder zu einfach und daher nicht gut nutzbar für das Team.

4.1.7.6 Risikomanagement

Es gibt keine Strategie wie in Scrum mit Risiken umzugehen ist.

4.1.7.7 Dokumentation

Im Agilen gibt es keine Dokumentation, dies führt im realen Umfeld aber oft zu Problemen. Anforderungen und Änderungen kommen über Emails oder andere Quellen herein und können den entsprechenden Backlog Einträgen nicht zugeordnet werden, was problematisch für das Team ist da es keine Rückverfolgbarkeit gibt.

4.1.7.8 Scrum ist zu idealistisch

Scrum geht davon aus, dass jedes Teammitglied selbstverantwortlich arbeitet. In der Praxis funktioniert das aber nicht immer. Speziell neue Mitarbeiter haben diese Fähigkeiten oft noch nicht und müssen erst ausgebildet werden und Erfahrungen sammeln.

4.2 Weitere agile Methoden des Requirements Engineering

Um Requirements Engineering agil umzusetzen sind aber auch andere Methoden möglich, einige davon werden im nächsten Unterkapitel kurz vorgestellt.

4.2.1 Design Thinking

In gewisser Weise verbindet Co-Creation und Lean Startup der Ansatz des Design Thinking. Genau wie Co-Creation ist auch Design Thinking ein Weg, den Kunden direkt am Produktenwicklungsprozess partizipieren zu lassen. Mit dem Lean Startup Ansatz teilt Design Thinking das iterative experimentelle Vorgehen. (Brandes U. et al, 2014, S. 56)

Es handelt sich also um einen iterativen Prozess, welcher zu innovativen Produkten und Lösungen führen soll. Design Thinking ist vor allem für die Klärung von Fragestellungen und die Definierung von Zielen aus Sicht des Anwenders geeignet und sollte in einer sehr frühen Phase eines Projekts zur Anwendung kommen, in der die übergeordnete Zielsetzung noch klärungsbedürftig ist. (Möller L., 2019, S. 48)

4.2.2 Lean Management

Ein primärer Aspekt des Lean Management ist die Kunden- und Anwenderorientierung. So sind eine Organisation sowie die entsprechenden Prozesse immer dahingehend zu eruieren, ob sie aus Sicht des Kunden notwendig sind. In Hinblick auf Requirements Engineering ist es vor allem wichtig, wenn es um die richtige Zuweisung von Verantwortlichkeiten und Ressourcen innerhalb einer bestehenden Organisation geht. (Möller L., 2019, S. 48)

4.3 Zusammenfassung klassische und agile Methoden im RE

Im Gegensatz zu traditionellen Entwicklungsmethoden fördert die agile Entwicklung nicht die detaillierte Vorausplanung des Gesamtprojektes, sondern eine schnelle, saubere Umsetzung unter Miteinbeziehung der relevanten Stakeholder. (Elshandidy & Mazen, 2013, S. 475)

An dieser Stelle sollen an Hand von Tabelle 4.1. klassische und agile Ansätze im Requirements Engineering, welche in den vorherigen Kapiteln extrahiert wurden, grob gegenübergestellt werden.

Klassisches Requirements Engineering	Agiles Requirements Engineering
Anforderungen perfektionieren	Anforderungsprozess optimieren
Maximale Verständnistiefe	Minimal notwendige Verständnistiefe
Anforderungsbestände aufbauen	Bestände minimieren (Lean Prinzip)
Homogenes anwenden von RE Techniken und einheitliche Werkzeuge	Anforderungsindividuelle Auswahl passender RE Techniken
Formale Korrektheit und Nachvollziehbarkeit	Kollaboration und Kommunikation
Festlegungen und Abgrenzung sowie Ruhe und Stabilität	Permanente Evolution, Weiterentwicklung und Flexibilität
Vollständigkeitsgesteuert, Sicherheitsbedürfnis	Prioritätsgesteuert, Weglassen von geschäftlich nicht notwendigen Anforderungen
Wasserfall oder iteratives Vorgehen	Iteratives oder kontinuierliches Vorgehen
Auftragsorientiert	Produktorientiert
Anforderungen sind eigenständig existierende Artefakte	Anforderungen sind Ausdruck von Stakeholdern

Tabelle 1: Vergleich klassisches vs. agiles RE (eigene Darstellung)

Relevant sind auch die Gemeinsamkeiten und Unterschiede zwischen klassischen und agilen Ansätzen was die Hauptaufgaben und Phasen des Requirements Engineering betrifft wie sie Elshandidy & Mazen (2013, S. 478) beschreiben:

4.3.1.1 Anforderungsermittlung

4.3.1.1.1 Klassisch

Anforderungen werden vor Projektbeginn ermittelt.

4.3.1.1.2 Agil

Anforderungen werden im Zuge des Entwicklungsprozesses iterativ und inkrementell ermittelt.

4.3.1.2 Anforderungsanalyse und -abstimmung

4.3.1.2.1 Klassisch

Es werden Machbarkeit, Notwendigkeit, Einheitlichkeit und Vollständigkeit der Anforderungen geprüft und priorisiert.

4.3.1.2.2 Agil

Anforderungen werden iterativ verfeinert, verändert oder umpriorisiert.

4.3.1.3 Anforderungsmodellierung

4.3.1.3.1 Klassisch

Formale visuelle Darstellung für das gesamte System

4.3.1.3.2 Agil

Kommuniziert das Verständnis was einen kleinen Teil des Systems betrifft, der sich noch im Entwicklungsprozess befindet.

4.3.1.4 Anforderungsvalidierung

4.3.1.4.1 Klassisch

Gewährleistet die Konsistenz und Vollständigkeit des Anforderungsdokuments

4.3.1.4.2 Agil

Gewährleistet, dass das aktuelle Software Release die aktuellen Anforderungen des Kunden wiederspiegelt.

4.3.1.5 Anforderungsmanagement

4.3.1.5.1 Klassisch

Verfolgt mit Hilfe intensiver Dokumentation des Systems Veränderungen der Anforderungen, des Designs und/oder der Dokumentation um zu verstehen warum Änderungen gemacht wurden.

4.3.1.5.2 Agil

Änderungen werden mit minimaler Dokumentation festgehalten. User Stories werden im Product Backlog oder einer Feature Liste verwaltet.

Es gibt aber durchaus auch Herausforderungen, wenn man agile Methoden im Requirements Engineering nutzt. Elshandidy & Mazen (2013, S.478 – 479) heben drei ganz besonders hervor.

4.3.1.6 Aufwandschätzung der Kosten und Terminplanung

Aufwandschätzungen der Kosten sind zu Beginn des Projektes deshalb so schwierig, weil sie auf Basis der initialen User Stories durchgeführt werden, die sich aber innerhalb des Entwicklungsprozesses ändern können. Diese potentiellen Änderungen machen auch eine Vorabterminplanung obsolet. Was aber dennoch sehr gut möglich ist, ist eine präzise Planung und Schätzung pro Iterationszyklus.

4.3.1.7 Nichtfunktionale Anforderungen

Nichtfunktionale Anforderungen nehmen in einem Projekt eine kritische Rolle ein, werden aber sowohl bei klassischen als auch agilen Praktiken nicht ausreichend abgedeckt.

4.3.1.8 Mitwirkung des Kunden

Agile Modelle setzen sehr stark auf die Kommunikation zwischen dem Kunden und dem Entwicklerteam. Um das realisieren zu können, werden drei Faktoren angenommen:

- Ein Vertreter des Kunden befindet sich im Haus
- Der Kunde vertraut dem Entwicklerteam
- Das Entwicklerteam erzielt einen Konsens zwischen allen Vertretern des Kunden

Diese Punkte können aber in der Realität nahezu nie erzielt werden. Die Vertreter des Kunden sind oft nicht dediziert nur dieser Aufgabe zugeordnet, sondern haben auch noch ihr Standardaufgabengebiet. Das Vertrauen des Kunden entwickelt sich erst nach mehreren Iterationen, in welchen zufriedenstellende Produkte geliefert wurden. Zuletzt ist es eine sehr große Herausforderung die verschiedenen Perspektiven aller Kundenvertreter im Projekt zu involvieren. Um diese Thematik zu lösen muss zusätzlicher zeitlicher Aufwand in das Projekt gesteckt werden.

Zusammenfassend kann gesagt werden, dass der Wandel von klassischem zu agilem Requirements Engineering den Mitwirkenden des Projektes aber auch mehr Flexibilität bringt und eine geschäftswertgetriebene Produktentwicklung sicherstellt. Auch eine höhere Effizienz im Produktentwicklungsprozess kann der Output einer gelungenen Umsetzung sein. (Auf der Maur R., 2012, S. 6)

5 Hybride Methoden

5.1 Agil und Wasserfall

Das hybride Modell kombiniert klassische Phasenmodelle wie beispielsweise das Wasserfallmodell mit agilen Methoden wie Scrum. Ziel dieses Modells ist es durch die Kombination die Stärken beider Modelle zu nutzen und die Schwächen zu umgehen. (Sandhaus G. et al, 2014, S. 53)

Dieses Modell, welches unter anderem durch die Abwandlung agiler Methoden entsteht, wird beispielsweise in bürokratisch traditionellen Unternehmen eingesetzt, aber auch durch die Ergänzung klassisch plangetriebener Projekte um einzelne agile Techniken. Scrum und sequentielle Methoden können durchaus in verschiedenen Ausprägungen koexistieren zum Beispiel auf Grund von Übergangsphasen wie in der Fachliteratur von Cohn M. (2010, S. 419) beschrieben wird:

5.1.1 Wasserfall vorab

Wenn Projekte in der ersten Phase einen Genehmigungsprozess durchlaufen müssen, treffen Scrum und die sequentielle Entwicklung unweigerlich aufeinander. Dann ist es notwendig, dass auch Scrum Teams ihre Abneigung gegen den Dokumentationsprozess überwinden und eine Spezifikation, einen Projektplan oder ein anderes Artefakt erstellen. Wenn das Projekt dann mit dem „Vorab-Wasserfall" freigegeben wurde, wird es wie ein klassisches Scrum Projekt umgesetzt.

5.1.2 Wasserfall am Ende

Projekte in der letzten Phase, setzen den Wasserfall meist ein um eine Testphase durchzuführen. Nachdem das Team in diesem Stadium bereits an die agile Arbeitsweise gewöhnt ist, wird das Testing meist in einem oder zwei Sprints abgewickelt um das Produkt zu validieren.

5.1.3 Paralleler Wasserfall

Die wahrscheinlich schwierigste Kombination zwischen Scrum und sequentieller Entwicklung stellt der parallele Wasserfall dar. Hier prallen zwei unterschiedliche Herangehensweisen aufeinander die es in diesem Fall zu koordinieren gilt. So bewältigt das sequentiell arbeitende Team die Kommunikation mit Hilfe von Besprechungen und Dokumenten, bei denen die Schnittstellen exakt definiert sind, wohingegen das Scrum Team die Schnittstellen offenlässt und informell, aber häufiger kommuniziert, während die Schnittstellendefinitionen und Commitments nach und nach festgelegt werden. So ist es in dieser Kombination hilfreich und notwendig den Projektleiter des Wasserfall Teams zur Sprintplanung oder dem Daily Scrum hinzuzuziehen um die Informationen über das gesamte Projekt zu verteilen.

5.2 Agil und RUP

Tanveer M. (2015, S.14-18) beschreibt einen hybriden Ansatz der agile Methoden mit RUP (Rational Unified Process) kombiniert. Die bewährten Praktiken aus dem RUP Modell in Bezug auf Kommunikation, Planbarkeit und Management werden mit den Rollen, Artefakten und Funktionen aus Scrum zusammengeführt und ergeben so ein Hybridmodell welches die Stärken zweier Methoden kombiniert.

6 Leitfadengestütztes Experteninterview

Das leitfadengestützte Experteninterview gilt als ein nichtstandardisiertes Interview, bei dem weder die Fragen des Interviewers noch die Antworten des Interviewpartners standardisiert werden und weicht somit vom standardisierten und halbstandardisierten Interview siehe Tabelle 6.1. ab. (Gläser & Laudel, 2010, S. 41)

	Fragewortlaut	Antwortmöglichkeiten
Standardisiertes Interview	Vorgegeben	Vorgegeben
Halbstandardisiertes Interview	Vorgegeben	Nicht vorgegeben
Nichtstandardisiertes Interview	Nicht vorgegeben (nur Thema vorgegeben)	Nicht vorgegeben (nur Thema vorgegeben)

Tabelle 2: Klassifizierung von Interviews nach ihrer Standardisierung (nach Gläser & Laudel, 2010, S.41)

Beim leitfadengestützten Experteninterview bereitet der Interviewer eine Liste offener Fragen (Leitfaden) vor, welche die Grundlage des Gesprächs darstellt. Auf diese Fragen kann der Interviewpartner frei antworten. Die Fragen erhalten durch diese Art der Aufbereitung eine Struktur und zugleich wird die Vergleichbarkeit der Fragen erhöht. (Mayer, 2013, S.37)

6.1 Zielsetzung

Ziel der vorliegenden Arbeit ist es mit Hilfe der leitfadengestützten Experteninterviews die zuvor aus der Literaturrecherche gewonnenen Erkenntnisse hinsichtlich agiler und klassischer Methoden im Requirements Engineering zu vergleichen und mögliche Abweichungen aufzuzeigen. Zudem soll eruiert werden wie die Teilnehmer des Interviews zu einem Einsatz einer hybriden Methode stehen und welche Vor- und Nachteile sie sehen.

6.2 Auswahl Interviewpartner

Einer der wichtigsten Aspekte neben dem eigenen Erkenntnisinteresse ist die Auswahl der Interviewpartner, denn sie bestimmen über die Art und Qualität der Informationen, die man erhält. (Gläser & Laudel, 2010, S.117)

So fiel die Auswahl im Zusammenhang mit der vorliegenden Arbeit auf fünf Experten, welche im Zuge ihrer Tätigkeiten in den Prozess des Requirements Engineering im IT-Bereich eingebunden sind, sowohl im klassischen als auch agilen Umfeld.

Das Wort „Experte" ist hier im Sinne von Personen zu verstehen, welche über ein spezialisiertes Detailwissen verfügen, das sie auf Anfrage weitergeben. (Gläser & Laudel, 2010, S.11)

Die Interviewpartner verfügen in diesem Kontext alle über das relevante Wissen im zuvor definierten Bereich, sowohl auf theoretischer und/oder praktischer Ebene.

Die Kriterien zur Auswahl wurden folgendermaßen bestimmt:

- Kenntnisse im Bereich IT Requirements Engineering auf theoretischer und/oder praktischer Ebene
- Kenntnisse im Bereich des klassischen Requirements Engineering auf Basis von Wasserfallmodellen und/oder ähnlichen Modellen
- Kenntnisse im Bereich des agilen Requirements Engineering auf Basis von Scrum und/oder ähnlichen Modellen

Ein weiteres Kriterium um das Optimum zu erreichen, sind aber auch forschungspraktische Gesichtspunkte wie die Erreichbarkeit und die Bereitschaft potentieller Interviewpartner. (Gläser & Laudel, 2010, S.117)

In Hinblick auf alle definierten Kriterien, konnten für diese Arbeit somit eine weibliche und vier männliche Interviewpartner gewonnen werden, die in Tabelle 6.2. ersichtlich sind:

Name	Geschlecht	Position
Experte 1	Männlich	Gruppenleiter
Experte 2	Männlich	Senior Project Manager
Experte 3	Männlich	Senior Scrum Master & Agile Coach
Experte 4	Weiblich	Scrum Master
Experte 5	Männlich	Development Project Manager

Tabelle 3: Interviewpartner (eigene Darstellung)

Was die Ausrichtung betrifft, so gibt es zwei Interviewpartner, welche rein im Softwarebereich ohne Berührungspunkte in Richtung Hardware tätig sind. Bei drei Teilnehmern gibt es signifikante Schnittstellen zu physischen Hardwareprodukten.

Name	Ausrichtung
Experte 1	Software/Hardware
Experte 2	Software
Experte 3	Software/Hardware
Experte 4	Software/Hardware
Experte 5	Software

Tabelle 4: Ausrichtung der Firmen (eigene Darstellung)

6.3 Durchführung der Interviews

Leitfadengeführte Interviews können sowohl persönlich, schriftlich als auch telefonisch durchgeführt werden. Auf Grund der Tatsache, dass sich die ausgewählten Interviewpartner zum größten Teil in Graz bzw. in nahegelegen Orten befinden, konnten die Interviews persönlich stattfinden und wurden mit der Einverständniserklärung der Teilnehmer mit der Sprachmemofunktionalität eines iPhone 8 aufgezeichnet um sie zu einem späteren Zeitpunkt transkribieren zu können.

Die tatsächliche Durchführung der Interviews fand im Zeitraum zwischen 03.01.2020 und 15.01.2020 statt.

6.4 Interview Leitfaden

Obwohl in der Fachliteratur für bestimmte Forschungszwecke empfohlen wird, je Typ von Experten einen eigenen Leitfaden zu entwickeln, sofern sich die Experten in ihrer Beteiligung an dem Thema unterscheiden und daher über je spezifisches Wissen verfügen (Gläser & Laudel, 2010, S.117), wurde dieses Vorgehen für diese Untersuchung bewusst nicht angewendet. Denn im Kontext der vorliegenden Arbeit es notwendig den Experten dieselben Fragen zu stellen, um die unterschiedlichen Meinungen und Antworten sinnvoll miteinander vergleichen zu können.

Die durchgeführten Interviews orientieren an den elf Fragestellungen, die im Zusammenhang mit der zentralen Forschungsfrage entwickelt wurden. Es wurde speziell darauf geachtet, dass diese möglichst offen, neutral, einfach und klar formuliert sind. (Gläser & Laudel, 2010, S.122)

Nach einer einleitenden Erklärung zum Gesamtkontext wurden allen Interviewteilnehmern dieselben Fragen gestellt um die bestmögliche Auswertbarkeit zu gewährleisten. Tabelle 6.4. reflektiert die einzelnen Fragen des Interview-Leitfadens.

Beruflicher Hintergrund
Frage1: Seit wann arbeiten Sie bei der Firma XY, was ist Ihre genaue Position und seit wie vielen Jahren sind sie im IT/Softwarebereich tätig?
Frage 1 ist eine Einstiegsfrage um zu eruieren welchen genauen beruflichen Hintergrund der Interviewpartner hat.
Begriffsverständnis
Frage 2: Was bedeutet für sie Requirements Engineering im Allgemeinen? Bitte beschreiben oder definieren sie kurz Ihre Vorstellungen zu diesem Begriff.
Frage 3: Welche Ziele verfolgt Requirements Engineering global aus Ihrer Sicht?
Die Experten sollen in ihren eigenen Worten die Begrifflichkeit ausführen und erklären. Somit kann ein Vergleich mit den Ergebnissen aus der Literaturrecherche angestellt werden.
Vergleich von klassischen und agilen Methoden im IT Projekt
Frage 4: Bitte beschreiben Sie ein aktuelles Projekt und Ihre genaue Rolle. Wird dort Requirements Engineering eingesetzt und wenn ja werden agile oder klassische Methoden verwendet?
Frage 5: Bitte beschreiben Sie die agilen und/oder klassischen Praktiken, die in diesem Zusammenhang angewendet wurden.
Frage 6: Welche Vor- bzw. Nachteile sehen sie bei diesen klassischen und/oder agilen Requirements Engineering Methoden?
Die Experten sollen eines ihrer letzten Projekte reflektieren und dann auf die Vor- und Nachteile der beiden Methoden eingehen. Auch hier soll wieder ein Vergleich mit den Vor- und Nachteilen aus der Literaturrecherche angestellt werden.

Herausforderungen und Hype

Frage 7:

Welche Herausforderung sehen Sie bei der Einführung agiler Praktiken im IT-Umfeld eines Unternehmens?

Frage 8:

Aus welchen Gründen könnte es Ihrer Meinung nach sinnvoll sein, agile Methoden in einem Unternehmen einzuführen?

Frage 9:

Vielleicht kennen sie den Hype Cycle in welchem das US Marktforschungsinstitut Gartner jedes Jahr Technologien bewertet. Nun sind „agile Methoden" zwar keine Technologie, dennoch kann man denke ich einiges ableiten. Wo auf dem Hype Cycle nach Gartner würden sie agile Methoden zum aktuellen Zeitpunkt in Österreich sehen?

Frage 7 und 8 versuchen zu erörtern was die Herausforderungen für die Einführung von agilen Methoden wie Scrum oder Kanban in einem Unternehmen sind und aus welchen Gründen sich Unternehmen in diese Richtung begeben. In Frage 9 soll herausgefunden werden ob es sich laut Aussage der Experten bei den agilen Methoden um einen Hype handelt und wenn ja wo auf dem Hype Cycle sie die Methode positionieren würden.

Hybride Methoden

Frage 10:

Was halten sie vom Einsatz hybrider Methoden im Requirements Engineering, also einer Kombination aus klassischen und agilen Praktiken?

Hiermit soll geprüft werden wie die Experten zu hybriden Methoden stehen und ob sie diese Möglichkeit vielleicht als die effizienteste sehen. Dementsprechend soll dann ein Vergleich angestellt werden mit den Ergebnissen aus der Literaturrecherche.

Zukunft

Frage 11:

Zum Abschluss ein Ausblick in die Zukunft: Stellen sie sich vor wir haben das Jahr 2025, wie sehen sie den Stellenwert agiler Methoden in Unternehmen? Ist Scrum, Kanban und Co überall im Requirements Engineering von Softwareentwicklungsprojekten angekommen?

Die letzte Frage soll einen Ausblick in die Zukunft geben und eine Prognose der Experten in Bezug auf agile Methoden in Softwareentwicklungsprojekten.

Tabelle 5: Interviewleitfaden mit Reflexion (eigene Darstellung)

6.5 Aufbereitung und Auswertung des Interviewmaterials

Dieses Subkapitel informiert darüber, in welcher Art und Weise die Experteninterviews schriftlich festgehalten wurden um sie dann zu einem späteren Zeitpunkt auswerten zu können. Aus diesem Grund werden Transkription und Auswertungsverfahren näher beschrieben.

Die Interviews mit den vier Experten wurden alle persönlich durchgeführt und dauerten im Durchschnitt 24 Minuten. Die Gesamtdauer der Interviews lag bei 121,27 Minuten, wobei man detaillierte Information in Tabelle 6.5. findet.

Pos.	Name	Datum	Dauer	Wörter
1	Experte 1	15.01.2020	28:58	1817
2	Experte 2	03.01.2020	22:24	2075
3	Experte 3	03.01.2020	33:13	3110
4	Experte 4	04.01.2020	21:20	1620
5	Experte 5	12.01.2020	16:12	1186

Tabelle 6: Statistik der Datenerhebung (eigene Darstellung)

6.5.1 Transkription der Interviews

Um die Interviewergebnisse auszuwerten ist es notwendig das gesprochene Wort zu transkribieren. Für die vorliegende Arbeit wurde die Methode der wörtlichen Transkription gewählt.

Schon Cassell C. und Symon G. (2004, S.218) schreiben:

„Transcribing any spoken 'text' is a time-consuming activity."

Die Alternative bestände darin die Aufzeichnung abzuhören und nur die relevanten Stellen zusammenzufassen, doch diese Methode ist aus denselben Gründen abzulehnen wie ein Gedächtnisprotokoll, da sie die Gefahr von Datenverlust mit sich bringt. Außerdem ist es dem Interviewer so viel besser möglich sich voll auf die Führung des Interviews und das Thema zu fokussieren. (Gläser & Laudel, 2010, S.193)

Da der Inhalt des Interviews im Vordergrund steht wurden Sprechpausen, nichtverbale Äußerungen wie Husten, Räuspern, Stottern sowie Füllworte wie beispielsweise „hm" oder „äh" nicht berücksichtigt. Außerdem wurde der Text vom Dialekt befreit, der Satzbau geglättet und dem Schriftdeutschen angepasst. Aus Gründen der fehlenden Relevanz wurden einleitende Worte und Small Talk zwischen den Fragen nicht transkribiert.

Um aus den Interview-Transkripten optimal zitieren zu können wurden die Antworten mit einer Nummerierung und einer Subnummerierung gekennzeichnet. Der Interviewer wird in den transkribierten Texten immer mit „I" dargestellt. Die Interviewten werden folgendermaßen benannt siehe Tabelle 7:

Voller Name des Interviewten	Abkürzung
Experte 1	EE
Experte 2	EZ
Experte 3	ED
Experte 4	EV
Experte 5	EF

Tabelle 7: Abkürzungen der Interviewpartner (eigene Darstellung)

6.5.2 Auswertung durch Kategorisierung

Für die Auswertung der Interviews wurde das Auswertungsverfahren von Mühlfeld et. al. verwendet, welches Mayer in seinem Werk erwähnt. Dieses pragmatische Verfahren schlägt ein sechsstufiges Vorgehen vor, welches nachfolgend in Abbildung 10 dargestellt und anschließend beschrieben ist.

Im Gegensatz zu hermeneutischen Verfahren, ist die Inhaltsanalyse nach Mühlfeld et al. zeitlich und ökonomisch weniger aufwendig und im Falle der vorliegenden Arbeit optimal einzusetzen.

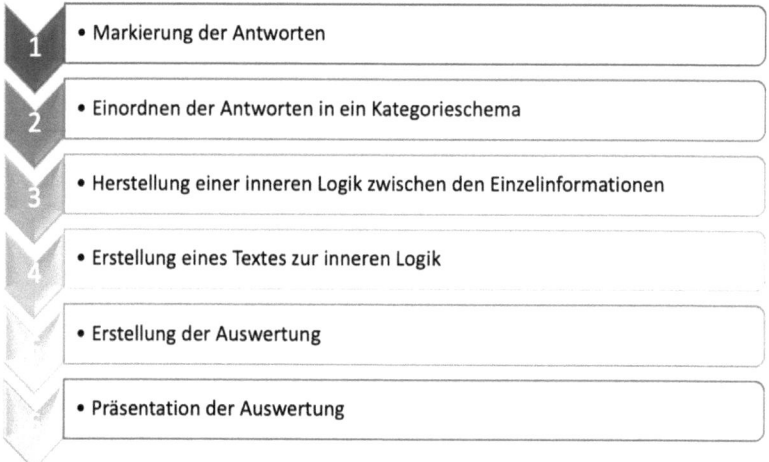

Abbildung 10: Sechsstufiges Auswertungsverfahren nach Mühlfeld et. al. (nach Mayer, 2013, S. 48ff)

Einleitend werden alle Textstellen markiert, die sofort ersichtliche Antworten auf Fragen im Interviewleitfaden geben. In einem zweiten Schritt wird dann der Text in das zuvor erstellte Kategorienschema eingeordnet. (Mühlfeld et. al., 1981, S.336 ff) Anschließend wird nach der Aufgliederung des Interviews eine innere Logik zwischen den Einzelinformationen hergestellt. Dabei werden Parallelen gezogen und sich wiederholende als auch widersprechende Informationen berücksichtigt. (Mayer, 2013, S.50)

In der vierten Stufe wird ein Schriftstück konzipiert, welches den Prozess der Verarbeitung darstellt und somit die innere Logik textuell darlegt. Im vorletzten Schritt wird der Text mit den Abschnitten aus dem Interview ausgewertet und das Transkript noch einmal geprüft. Zuletzt entwickelt man aus dem ausgewerteten Text eine Präsentation der Ergebnisse. (Mühlfeld et. al., 1981, S.336 ff)

6.6 Ergebnispräsentation

Die Themen wurden entsprechend der verwendeten Auswertungsmethode kategorisiert und die Ergebnisse sollen beschrieben werden.

Zur besseren Lesbarkeit wird bei Zitaten aus den Transkripten der Interviews auf die Jahresangabe verzichtet, da alle Interviews im Jahr 2020 durchgeführt wurden.

6.6.1 Was bedeutet RE und welche Ziele verfolgt es

Die Definitionen und Ziele des Requirements Engineering welche im Zuge der Literaturrecherche evaluiert wurden, finden sich auch in den Aussagen der Interviewteilnehmer wieder.

So ist Requirements Engineering einer der Startpunkte eines jeden Projektes, wo es darum geht die Umfänge beziehungsweise die Erwartungshaltung des Kunden niederzuschreiben und zu dokumentieren. (EZ2)

Es soll beschreiben, welche Probleme beim Kunden durch die verschiedenen Anforderungen gelöst werden können und welche funktionalen und nichtfunktionalen Requirements dafür berücksichtigt werden müssen. (ED3)

Zusätzlich zu den anderen Interviewteilnehmern beschreibt EE in seiner Antwort das Ergebnis von Requirements Engineering auch als Wissenspool.

> „Für mich ist es im Big Picture so, dass man einerseits die Anforderungen sammelt, nichts vergisst, immer die gleiche Qualität liefert aber dadurch auch ein Wissenspool hat." (EE3)

6.6.2 Aktuelle Anwendung des RE in Projekten

Aus den Experteninterviews geht hervor, dass alle Teilnehmer in irgendeiner Art Requirements Engineering in den Projekten nutzen. Was die Nutzung von klassischen, agilen oder hybriden Methoden betrifft sind die Aussagen vielfältig.

Wobei es eine signifikante Trennung in den Aussagen gibt es, was die Nutzung von klassischen oder agilen Methoden in Hinblick auf die Ausrichtung des Unternehmens oder der Abteilung betrifft. So nutzen reine Softwaredienstleister ohne Hardwareanteil durchwegs agile Methoden, wohingegen Unternehmen welche auch ein physisches Produkt entwickeln, welches durch Software gesteuert wird, in zwei von drei Fällen, welche in den Experteninterviews beschrieben werden, auf klassische Methoden zurückgreifen.

> „Requirements Engineering ist eher noch auf der klassischen Seite, einfach weil der Markt aktuell so funktioniert. Man weiß welche Geräte am Markt sind und dann schaut man was besser gemacht werden kann." (ED5.1.)

Auch eine Bindung an Normen macht eine Verwendung von agilen Methoden manchmal unmöglich, obwohl die Neuentwicklungen im Softwarebereich dies erfordern würden wie EE in seiner Antwort beschreibt:

> „Grundsätzlich sind wir in der Norm für bahntaugliche Software drinnen, dass ist die Neuere seit heuer gültige IEC 50657. Bis vor einem Jahr war es noch die EN 50128. Grundsätzlich verfolgt diese Norm ein V-Modell mit mehreren Phasen. Die Urmutter der Norm ist die uralte IEC 61508. Der Sinn dahinter ist, dass man Phasen, also Definitionsphase, Entwurfsphase, Designphase, Entwicklungs- und Implementierungsphase und dann halt die Integration und so weiter hat. In der Praxis, gerade wie bei uns wo wir immer Neuland betreten, ist das Phasenmodell sehr schwierig. Denn ich kann nicht vorher alles vollständig definieren, wenn ich gar nicht weiß wo die Reise hingeht. Ich war in dem Projekt der Projektmanager und ja es hat uns sehr geplagt." (EE4.1.)

Eine Ausnahme gibt es hier in den Aussagen der Experten, welche einen Arbeitgeber mit Ausrichtung auf Software in Interaktion mit einem physischen Produkt haben. EV beschreibt die Nutzung von Scrum in diesem Umfeld, sieht hier aber durchaus große Herausforderungen auch auf Grund dessen, dass jedes Produkt und System individuell entwickelt wird:

> „Wir fragen ihn was er will, aber der Kunde selbst kann sich eigentlich nichts vorstellen. Denn wir haben nichts was wir herzeigen können." (EV4.1.)

Reine Softwareentwicklungsdienstleister arbeiten sehr stark mit agilen Methoden wie zum Beispiel Scrum, sind aber in der Auswahl der Methode oft flexibel und passen sich an die Anforderung des Kunden an wie EZ darstellt:

> „Die Firma versucht eigentlich sehr viel mit Scrum abzuwickeln, generell. Wir versuchen uns auch auf die Kunden einzustellen. Vor Weihnachten hat ein Projekt

begonnen, das mit Lean Management abgewickelt wird. Aber das aktuell laufende und aktuellste ist nach wie vor mit Scrum." (EZ4.1.)

6.6.3 Vor- und Nachteile klassischer und agiler Methoden

Vier von fünf Experten sehen sowohl Vor- als auch Nachteile bei klassischen und agilen Methoden im Requirements Engineering, eine Person gab eine eher unpopuläre Antwort und sieht weder Vor- noch Nachteile.

Der Ansatz hier ist, dass es stark darauf ankommt in welchem Umfeld man sich befindet. Befindet man sich in einem komplexen Umfeld, so ist es notwendig mit agilen Methoden zu arbeiten, da man nicht weiß was eine Aktion für Gegenreaktionen auslöst. Hier ist es wichtig flexibel zu sein um reagieren zu können und um Innovationen zu generieren. Wenn man sich aber in einem komplizierten Umfeld befindet welches aber planbar ist, dann kann Wasserfall in einem klassischen Requirements Engineering durchaus gut funktionieren. (ED6.1.)

Aber auch ein weiter Interviewter gab an, dass es wichtig ist zu schauen in welchem Umfeld beziehungsweise Projekt man sich bewegt, wenn es um die Auswahl der Methode, beziehungsweise darum geht sich das Beste herauszuziehen. (EF6.1.)

6.6.3.1 Vor- und Nachteile klassischer Methoden

Aus Sicht der Befragten wird als Vorteil bei den klassischen Methoden gesehen, dass man sich in der Anforderungsphase intensiv mit der Materie auseinandersetzt. Auf der einen Seite, um ein klares Bild der Anforderungen zu bekommen, auf der anderen Seite aber auch um den Kunden dazu zu bringen sich Gedanken zu machen. (EZ6.1., EV6.1.) Dies sind auch Gründe, die in der Fachliteratur erwähnt werden und daher im Zuge der Literaturrecherche in Kapitel 3 beschrieben werden.

Als Nachteil konnte bei den Ergebnissen der Interviewten klar herausgearbeitet werden, dass klassische Methoden was Änderungen betrifft sehr träge sind. So beschreibt es EV sehr gut:

> „Wenn du ganz große Projekte hast, die über 2 Jahre oder so gehen und du hast einmal ein Pflichtenheft gemacht, dann wird nie mehr da dran etwas geändert." (EV6.4.)

Auch EZ führt den Nachteil bei Wasserfall Modellen ähnlich aus:

> „Auf der anderen Seite, wie du schon richtig gesagt hast, es ändert sich mit der Zeit einfach sehr viel, es ist der Anspruch ein anderer. Ist beim Wasserfall der klare Nachteil." (EZ6.1.)

6.6.3.2 Vor- und Nachteile agiler Methoden

Grundsätzlich konnte im Zuge der Auswertung der Interviews beobachtet werden, das es in Summe viel mehr Aussagen zu agilen als zu klassischen Methoden gab.

Als Vorteile wurden vielfältige Gründe genannt, wie zum Beispiel die Flexibilität bei veränderten Anforderungen im Projekt, Prototypen für den Kunden, schnelles Feedback für das Development oder funktionsorientiertes Entwickeln.

So spricht EZ davon, dass es im agilen Umfeld sehr viel leichter ist mit Änderungswünschen des Kunden umzugehen, aber auch dass der Kunde das Produkt relativ schnell „angreifen" und sich somit ein besseres Bild machen kann. (EZ6.1.)

Einen kontroversen Ansatz zum Thema Änderungswünsche gab es von EV, wo die Flexibilität im Entwicklungsprozess als Vor- und Nachteil gesehen wird:

> „Und agil wird oft mit chaotisch und einfach nur spontan verwechselt und dann wird einfach losgelegt, denn man kann es ja ohnehin immer wieder ändern. Es ist aber auch ein Nachteil, denn man wird nie fertig. So nach dem Motto macht ja nichts, machen wir's halt anders, wir sind ja agil." (EV6.1., EV6.2.)

Auch der Ansatz des funktionsorientierten Entwickelns und somit des Requirement spezifischen Feedbacks an das Development wurde von EE thematisiert und als Vorteil beschrieben:

> „Und somit würde ich das funktionsorientierte Entwickeln im agilen Umfeld schon als Vorteil sehen, auch in der Kommunikation nach außen. Und wenn eine Funktion dann funktioniert, hat man auch Feedback für die Mannschaft. Denn unsere Projekte laufen doch oft 4-5 Jahre, ohne das man jemals etwas sieht. Wir haben also nie das Erfolgserlebnis, dass auch jeder einmal gerne hat. Wir kriegen maximal nicht geschimpft." (EE6.1.)

Die Nachteile stehen den Vorteilen ungefähr im gleichen Verhältnis gegenüber. Hier wurden grob zusammengefasst folgende Punkte genannt:

- Massiver zeitlicher Aufwand der auch auf Kundenseite unterschätzt wird
- Zeitlicher Aufwand und Budget der Projekte nicht gut planbar
- Projekte sind schwer zu kalkulieren bzw. abzuschätzen
- Vorgaben agiler Methoden können oft nicht eingehalten werden

So stellt EZ in seiner Antwort, die Problematik des zeitlichen Aufwands folgendermaßen dar:

"Ich finde der zeitliche Aufwand wird massiv unterschätzt bei agilen Methoden. Gerade was das Schreiben des Backlogs oder der Stories betrifft, ist das massiv viel Aufwand. Auf Kundenseite wird das massiv unterschätzt, dass das eigentlich ein Vollzeitjob ist, der da benötigt wird. Auch im Team das dann zu hinterfragen und feinzutunen." (EZ6.2.)

Außerdem ist es im Vorfeld nur schwierig Prognosen darüber zu treffen, wie lange das Projekt dauern wird beziehungsweise ob die Budgetvorgaben eingehalten werden können oder nicht. (EV6.3.)

Auch EF bestätigt diese Aussage:

"Nachteil bei den agilen Methoden ist, dass man nicht vorhersagen kann wohin das führt oder wie lange es dauert beziehungsweise wann es fertig wird oder wie viel von dem was man sich vorgenommen hat erreicht wird." (EF6.1.)

Als weiteren Nachteil sieht ein Befragter, dass Vorgaben agiler Methoden oft auf Grund der Umstände in Unternehmen nicht eingehalten werden können. Als Beispiel liefert EE, dass ein Team aus Sicht von Scrum immer zusammenarbeiten sollte:

"Das zweite Problem, welches ich aktuell habe ist das Scrum vorsehen würde, dass ein Team immer beisammen ist und beisammenbleibt." (EE6.1.)

Die Experten wurden außerdem gefragt wie sie die Vor- und Nachteile auf sozialer Ebene sehen. Hier hatte keiner der Befragten die soziale Ebene in klassischen Modellen thematisiert, wohl aber bei agilen Praktiken.

Zwei der Interviewten waren konträrer Meinung. Während EZ sagt, dass die Entwickler mit den agilen Methoden sehr gut umgehen können und auch das direkte Feedback am Ende jedes Entwicklungszyklus sehr schätzen (EZ6.2.), hat EV die Erfahrung gemacht, dass das Development agile Methoden eher ablehnt. (EV7.2.)

6.6.4 Herausforderungen beim Einsatz agiler Methoden

Als Herausforderungen beim Einsatz agiler Methoden im Requirements Engineering wurde insbesondere erwähnt, dass es einerseits für das jeweilige Unternehmen passen muss (EV7.1.) und dass es ein Mindset Thema ist, vor allem wenn das Management klassische Strukturen gewohnt ist. (ED7.1.) Außerdem konnte beobachtet werden, dass die Befragten auch das Thema Training der betroffenen Mitarbeiter als Herausforderung sahen. EF (EF7.1.) erwähnt, dass man den Mitarbeitern die Möglichkeit geben muss die neuen agilen Methoden kennenzulernen. Aber auch EZ spricht davon, dass die Umstellung auf die kurzzyklischen Entwicklungsschritte eine große Umstellung ist. (EZ7.1.) Außerdem wurde in diesem Zusammenhang das Thema Konsequenz angesprochen:

> „Naja Dinge wie das Daily Standup sollten nicht zum „Kaffeeklatsch" verkommen. Hier ist eben auch eine gewisse Konsequenz gefragt, da ist sicher der Scrum Master gefordert." (EE7.2.)

Zusammenfassend kann gesagt werden, dass den Teilnehmer an dem Interview die Herausforderungen sehr stark bewusst sind und diese auch klar thematisiert wurden.

6.6.5 Bewertung agiler Methoden im Hype Cycle nach Gartner

Mehr als die Hälfte der Befragten, nämlich drei der fünf Interviewten sind der Meinung, dass sich agile Methoden zum aktuellen Zeitpunkt in Österreich in der Softwareindustrie auf dem Hype Cycle nach Gartner auf dem „Gipfel der überzogenen Erwartungen" befinden.

Dahingegen ist EF folgender Meinung:

> „Da würde ich 50/50 sagen. Mindestens die Hälfte ist schon auf dem Plateau der Produktivität. Die anderen 50 sind 25/25. 25 auf dem Gipfel der überzogenen Erwartungen und die anderen 25 sind verwirrt, weil das Ganze noch keinen Sinn macht. Und 50% sind schon produktiv angekommen. Weil von den Firmen mit denen ich gesprochen habe und für die ich gearbeitet habe, sind sie entweder schon dabei oder dabei anzufangen oder sie machen das schon." (EF8.1.)

Die Aussage von ED, dass sich die IT Branche bereits auf dem „Pfad der Erleuchtung" befindet hebt sich stark davon ab. Begründet wird dies dadurch, dass agile Methoden in dieser Sparte immer besser verstanden werden. (ED9.4.)

6.6.6 Bewertung des Einsatzes von hybriden Methoden

Der Einsatz hybrider Methoden im Requirements Engineering wurde von allen Teilnehmern des Interviews positiv bewertet.

So beschreibt es EV kurz und prägnant:

> „Ich glaube das ist etwas, was gut funktioniert." (EV10)

Es geht klar in diese Richtung in den nächsten Jahren. Der Einsatz rein agiler Methoden wird sich nicht halten. (EZ10) Sobald man sich Teilbereiche aus beiden

Methoden herausnimmt hat man einen simplifizierten Prozess und diese Kombination macht am meisten Sinn. (EF9)

ED bringt hier noch einmal die Abhängigkeit zum Umfeld in dem man sich befindet mit hinein:

> „Finde ich gut, wenn es funktioniert. Wenn ich sage ich bin rein in einem komplexen Umfeld, dann ist das Hybride schwierig, dann ist das Hybride hinderlich. Aber ich habe auch eine Grauzone, wo ich vom komplexen Umfeld immer mehr ins komplizierte Umfeld gehe und dann ja macht es Sinn." (ED10)

6.6.7 Stellenwert agiler Methoden in der Zukunft

Zum Abschluss wurden alle Interviewteilnehmer nach ihrer Einschätzung den Stellenwert von agilen Methoden im Jahr 2025 betreffen befragt.

Alle Befragten sind sich einig, dass im Softwarebereich der Stellenwert bzw. die Abdeckung der Anwendung agiler Methoden gestiegen sein wird.

> „Wir sind auf einem sehr guten Weg. Ich glaube 2025 ist realistisch, dass da sehr viele Unternehmen das schon umgesetzt haben." (EZ11)

Auch die Reife und Mentalität der Menschen erlaubt dann einen stärkeren Einsatz dieser Methode. (EF10)

ED merkt aber auch an, dass es bis dahin noch ein holpriger Weg sein wird:

> „Also im Softwarebereich ist es definitiv angekommen. Ich glaube da wird es auch besser funktionieren als jetzt. Es wird auch populärer sein als jetzt, es wird denke ich besser funktionieren als jetzt. Aber es wird ein holpriger Pfad sein glaube ich. [...] Aber es ist schlussendlich meiner Meinung nach unaufhaltsam und unabdingbar. Die Welt ändert sich, die Welt wird immer schneller, es wird immer komplexer." (ED11)

Kritisch betrachtet EV die Thematik und spricht davon, dass sich die Menschen an die neuen Methoden gewöhnen werden, eine flächendeckende Abdeckung mit agilen Methoden wird es aber noch nicht geben. (EV11.1.)

EE hingegen kann sich vorstellen, dass es im Jahr 2025 bereits einen neuen Hype gibt. (EE11)

7 Reflexion und Fazit

7.1 Zusammenfassung

Der Trend was den Einsatz von Methoden in der Abwicklung von Softwareprojekten und im Speziellen was das Requirements Engineering betrifft, geht klar in Richtung Agilität. Als Grund hierfür wurde vor allem die steigende Komplexität im IT-Umfeld genannt, sowie die sich ständig ändernden Anforderungen der Kunden.

Agile Methoden wurden aber auch kritisch hinterfragt und die Wichtigkeit einer Anpassung des Mindsets, der gesamten betroffenen Organisation thematisiert. Grundvoraussetzung einer Nutzung von Scrum, Kanban und Co. ist somit das Prüfen welche Umsetzungsmethode für ein Unternehmen überhaupt die Richtige ist. Man muss sich die Frage stellen in welchem konkreten Umfeld man sich befindet. Befindet man sich in einem komplizierten oder komplexen Umfeld? Je nachdem kann dann optimal entschieden werden welche Methoden anzuwenden sind. Aber auch die Hinführung der betroffenen Mitarbeiter zum Thema „Agilität" wurde als wichtiger Baustein herausgearbeitet.

Die Vorteile der klassischen Methoden, welche das Lasten- und Pflichtenheft zur Anforderungsdokumentation nutzen, wurden von vielen der Interviewten angemerkt. Gerade das intensive sich mit der Materie auseinandersetzen ist hier ein positiver Aspekt.

Ein hybrider Einsatz beider Methoden wurde von den Befragten als besonders wertvoll angesehen, weil man sich die jeweils passenden Teilbereiche der Methoden für seine Organisation herausnehmen und auch das Team langsamer an neue Praktiken heranführen kann.

7.2 Fazit und Beantwortung der Forschungsfrage

Der initiale Ausgangspunkt für die vorliegende Arbeit war es, einen Vergleich zwischen klassischen und agilen Methoden im Requirements Engineering anzustellen und möglicherweise die effizientesten Methoden herauszuarbeiten.

Zurückblickend auf die zentrale Fragestellung der vorliegenden Arbeit, nämlich welche Methoden und somit Vorgehensweisen, sowohl agile als auch klassische zur Ermittlung von Anforderungen, am effizientesten sind um eine hohe Qualität bzw. Reifegrad der Requirements zu gewährleisten, kann folgendes festgehalten werden.

Im Zuge der Arbeit hat sich aber gezeigt, dass man kein vorgefertigtes Konzept über alle Organisationen und Unternehmen stülpen kann und es somit die effizienteste Methode nicht geben kann. Sowohl klassische als agile Praktiken und Methoden haben ihre speziellen Vorzüge. Wichtig ist es somit herausfinden ob die Anforderungen an ein Projekt eher von vielen Änderungen, sowie kurzen Planungszyklen und einem höheren Anteil an Innovation geprägt sind – dann ist die Anwendung agiler Methoden wie beispielsweise Scrum sinnvoller. Oder sind Anforderungen, Ressourcen und Termine bekannt, dann kann man auch mit klassischen Methoden erfolgreich sein.

Als enorm wichtiger Baustein haben sich auch die involvierten Menschen in der Organisation herausgestellt. Man muss die Personen schrittweise an die Veränderung im Setting des Projektes heranführen. Wer vorher nur Erfahrung in klassischen Projekten gesammelt hat, braucht oft etwas Zeit, um sich an das neue Mindset eines agilen Projektes zu gewöhnen. Auf der anderen Seite fällt es Personen mit einem agilen Hintergrund oft nicht so leicht, sich wieder in klassischen Projekten nach dem Command & Control Paradigma einzuordnen.

Sowohl die Literaturrecherche als auch die Experteninterviews haben hier durchaus eine einheitliche Linie an Ergebnissen geliefert.

Die Frage ob hybride Lösungen zum Erfolg führen könnten, wurde von den Experten durchwegs als positiv eingestuft. Die Literatur sieht hier aber durchwegs auch Herausforderungen, je nachdem in welche Phase man mit der jeweiligen anderen Methode andockt.

Literaturverzeichnis

Abrahamsson P. & Still J. (2007) Agile software development: theoretical and practical outlook. In Proceedings of the Product Focused Software Process Improvement, (Münch J. & Abrahamsson P., Eds), Riga: Springer, 410–411

Auf der Maur R. (2012) Agiles Requirements-Engineering: Ein Erfolgsfaktor für Produktentwicklungen. OBJEKTspektrum, 2012 (2), 6

Beck K. et al (2001) 'Manifesto for agile software development.' Abgerufen am 30.11.2019, von http://agilemanifesto.org

Benefield G. (2008) Rolling Out Agile in a Large Enterprise, in Proceedings of the 41st annual Hawaii International Conference on System Sciences, 461 – 470

Bergsmann J. (2014) Requirements Engineering für die agile Softwareentwicklung: Methoden, Techniken und Strategien. Heidelberg: dpunkt Verlag

Boehm B. (2002) Get ready for agile methods, with care. IEEE Computer 1(35), 64–69

Boehm B. & Turner R. (2003) Using risk to balance agile and plan-driven methods. Computer 36(6), 57–66

Boehm B. & Turner R. (2005) Management challenges to implementing agile processes in traditional development organizations, IEEE Software 09/10, 30-39

Cao, L., Mohan K., Xu P. & Ramesh B. (2009) A framework for adapting agile development methodologies. European Journal of Information Systems 18(4), 332–343

Cassell C. & Symon G. (2004) Essential guide to qualitative methods in organizational research. London: SAGE Publications Ltd

Chemuturi, M. (2013): Requirements engineering and management for software development projects. London u.a.: Springer

CMMI® für Entwicklung, Version 1.3 (2011) Prozessverbesserung für die Entwicklung besserer Produkte und Dienstleistungen, Technical Report

Cohn, M. (2010) Agile Softwareentwicklung – Mit Scrum zum Erfolg. München: Addison-Wesley Verlag

Darwish N. R. & Megahed S. (2016) International Journal of Computer Applications 149(8)

Elshamy A. & Elssamadisy A. (2006) Divide after you conquer: an agile software development practice for large projects. In Proceedings of the XP 2006, (Abrahamsson P., Marchesi M. & Succi G., Eds), S.164–168, Oulu: Springer Verlag

Elshandidy H. & Mazen S. (2013) Agile and Traditional Requirements Engineering: A Survey. International Journal of Scientific & Engineering Research, Volume 4, Issue 9, September-2013

Fitzgerald B., Hartnett G. & Conboy K. (2006) Customising agile methods to software practices at intel Shannon. European Journal of Information Systems 15(2), 200–213

Friedrich J., Hammerschall U., Kuhrmann M., & Sihling M. (2009) Das V-Modell® XT (2. Auflage), Heidelberg: Springer Verlag

Gabler Wirtschaftslexikon, abgerufen am 22.12.2019 von https://wirtschaftslexikon.gabler.de/definition/wasserfallmodell-53465/version-276554

Gause, D. C., Weinberg, G. M. (1989) Exploring Requirements: Quality Before Design, New York: Dorset House Publishing

Gläser J. & Laudel G. (2010) Experteninterviews und qualitative Inhaltsanalyse (4. Auflage). Wiesbaden: VS Verlag für Sozialwissenschaften, Springer Fachmedien GmbH

Gloger B. (2016) Scrum: Produkte zuverlässig und schnell entwickeln (5. Auflage). München: Carl Hanser Verlag

Helfferich C. (2014) Leitfaden- und Experteninterviews. In: Baur N., Blasius J. (eds) Handbuch Methoden der empirischen Sozialforschung, Wiesbaden: Springer VS

Highsmith J. & Cockburn A. (2001) Agile software development: the business of innovation. IEEE Computer 9(34)

Hood, C., Wiedemann, S., Fichtinger, S. & Pautz, Urte (2008): Requirements Management: The Interface Between Requirements Development and All Other Systems Engineering Processes. Berlin: Springer

Hype-Zyklus (o.D.). Abgerufen von https://de.wikipedia.org/wiki/Hype-Zyklus am 14.12.2019

ISO/IEC/IEEE 12207 (2017) Systems and software engineering, Software life cycle processes

ISO/IEC/IEEE 24765 (2017) Systems and software engineering, Vocabulary

Kullmann, G., Longmuss, J., Bullinger, A. C. & Spanner-Ulmer, B. (2013). Agiles Projektmanagement in der Praxis der Produktentwicklung. Ergebnisbericht zum Verbundprojekt „StabiFlex-3D Systemvertrauen und Innovationsfähigkeit durch stabilflexible Systemstandards und partizipatives Change-Management". Chemnitz: Technische Universität Chemnitz

Lang M. (2016). CIO Handbuch – Strategien für die digitale Transformation (Band 4). Düsseldorf: Symposion Publishing GmbH

Lyytinen K. & Rose G.M. (2006) Information system development agility as organizational learning. European Journal of Information Systems 2(15), 183–199

Mangalaraj G., Mahapatra R. & Nerur S. (2009) Acceptance of software process innovations – the case of extreme programming. European Journal of Information Systems 18(4), 344–354

Mathiassen L. and Pries-Heje J. (2006) Business agility and diffusion of information technology. European Journal of Information Systems 2(15), 116–119.

Maurer F. & Melnik G. (2006) Agile methods: moving towards the mainstream of the software industry. In Proceedings of the International Conference on Software Engineering (ICSE), ACM, Shanghai, China, 1057–1058

Mayer H.O. (2013) Interview und schriftliche Befragung, Grundlagen und Methoden empirischer Sozialforschung (6. Auflage). München: Oldenbourg Wissenschaftsverlag GmbH

Meuten M. & Fritsch D. (2009) 'Online-Ausgabe Requirements Engineering 2009' Zuletzt abgerufen am 30.11.2019, von [WWW Dokument] https://www.sigs-datacom.de/uploads/tx_dmjournals/fritsch_meuten_OS_RE_09.pdf

Mikusz M. et al. (2018) Projektmanagement und Vorgehensmodelle 2018, Lecture Notes in Informatics (LNI), Gesellschaft für Informatik, Bonn

Möller L. (2019) 'Java aktuell 04/2019' Zuletzt abgerufen am 21.12.2019, von https://www.doag.org/formes/pubfiles/11388294/04_2019-Java_aktuell Lars_MoellerAgiles_Requirements_Engineering_Klassische_und_agile_Methoden_im_Anforderungsmanagement_erfolgreich_vereinbaren.pdf

Mühlfeld, C., Windolf, P., Lampert, N., & Krüger, H. (1981). Auswertungsprobleme offener Interviews. Soziale Welt, Jg. 32, 325 - 352

Nerur S., Mahapatra R. Mangalaraj G. (2005) Challenges of migrating to agile methodologies. Communications of the ACM 48(5), 73–78

Pohl, K., & Rupp, C. (2015). Basiswissen Requirements Engineering. Aus- und Weiterbildung zum „Certified Professional for Requirements Engineering". Foundation Level nach IREB Standard. Heidelberg: dpunkt Verlag

Pohl, K. (2008). Requirements Engineering. Grundlagen, Prinzipien, Techniken (2. korrigierte Auflage). Heidelberg: dpunkt Verlag

PMI's Pulse of the Profession 2016 – The High Cost of Low Performance – How will you improve business results? Project Management Institute. Zuletzt abgerufen am 30.11.2019, von [WWW Dokument] http://www.pmi.org/~/media/PDF/learning/pulse-of-the-profession-2016.ashx

Rasmussen J. (2003) Introducing XP into greenfield projects: lessons learned. IEEE Software 3(20), 21–28

Reifer D.J. (2003) XP and the CMM. IEEE Software 3(20), 14–15

Robertson S. & Robertson J.C. (2013) Mastering the Requirements Process. Mastering the Requirements Process. (3.Auflage) Boston: Addison-Wesley Professional

Rupp C. et al (2014) Requirements – Engineering und Management: Aus der Praxis von klassisch bis agil, München: Carl Hanser Verlag

Sandhaus G. & Berg B. & Knott P. (2014) Hybride Softwareentwicklung: Das Beste aus klassischen und agilen Methoden in einem Modell vereint, Berlin: Springer Verlag

Sommerville I. (2018) Software Engineering (10. aktualisierte Auflage) Hallbergmoos: Pearson Deutschland GmbH

Spath, D., Schwengels C., van Husen C. (2004): Systematische Gestaltung und Management von IT-Dienstleistungen. In: Betriebliche Tertiarisierung - Der ganzheitliche Wandel vom Produktionsbetrieb zum dienstleistenden Problemlöser. 1. Auflage. Wiesbaden: Deutscher Universitätsverlag, 179–202.

Sutherland J., Downey S., & Granvik B. (2009) Shock Therapy: A Bootstrap for a Hyper-Productive Scrum, In Agile 2009, Chicago

Tanveer M. (2015) "Agile for large scale projects - A hybrid approach," in 2015 National Software Engineering Conference, NSEC 2015, 2016, S. 14–18

Tiemeyer, E. (Hrsg.) (2017): Handbuch IT Management. Konzepte, Methoden, Lösungen und Arbeitshilfen für die Praxis. München: Carl Hanser Verlag

Tiemeyer, E. (Hrsg.) et al (2014) Handbuch IT-Projektmanagement – Vorgehensmodelle, Managementinstrumente, Good Practices. (2. Auflage) München: Carl Hanser Verlag, 76

Turk D.R.F. & Rumpe B. (2005) Assumptions underlying agile software- development processes. Journal of Database Management 4(16), 62–87

Vinekar V., Slinkman CW. and Nerur S. (2006) Can agile and traditional systems development approaches coexist? An ambidextrous view. Information Systems Management 23(3), 31–42

Wolf H. & Bleek W.G. (2011) Agile Softwareentwicklung – Werte, Konzepte und Methoden (2. Auflage) Heidelberg: dpunkt Verlag

Young, R.R. (2004). The Requirements Engineering Handbook. Norwood: Artech House.

Anhang

Leitfaden für Experteninterviews

Vielen Dank, dass Sie sich die Zeit für dieses Gespräch genommen haben. Sie unterstützen damit meine Masterarbeit zum Thema „Vergleich von klassischen und agilen Methoden im Requirements Engineering".

Das Ziel ist es in diesem Interview Ihre Expertenmeinung dazu abzufragen.

Stimmen sie einer Tonaufzeichnung zu? Diese dient ausschließlich der Auswertung des Interviews und gibt mir die Möglichkeit, mich voll und ganz auf das Interview zu fokussieren, ohne Mitschriften machen zu müssen.

Frage	Gesprächsimpuls
F1	Seit wann arbeiten Sie bei der Firma XY, was ist Ihre genaue Position und seit wie vielen Jahren sind sie im IT/Softwarebereich tätig?
F2	Was bedeutet für sie Requirements Engineering im Allgemeinen? Bitte beschreiben oder definieren sie kurz Ihre Vorstellungen zu diesem Begriff.
F3	Welche Ziele verfolgt Requirements Engineering aus Ihrer Sicht?
F4	Bitte beschreiben Sie ein aktuelles Projekt und Ihre genaue Rolle. Wird dort Requirements Engineering eingesetzt und wenn ja werden agile oder klassische Methoden verwendet?
F5	Bitte beschreiben Sie die agilen und/oder klassischen Praktiken, die in diesem Zusammenhang angewendet wurden.
F6	Welche Vor- bzw. Nachteile sehen sie bei diesen klassischen und/oder agilen Requirements Engineering Methoden?
F7	Welche Herausforderung sehen Sie bei der Einführung agiler Praktiken im IT Umfeld eines Unternehmens?
F8	Aus welchen Gründen könnte es Ihrer Meinung nach sinnvoll sein, agile Methoden in einem Unternehmen einzuführen?

F9	Vielleicht kennen sie den Hype Cycle in welchem das US Marktforschungsinstitut Gartner jedes Jahr Technologien bewertet. Nun sind „agile Methoden" zwar keine Technologie, dennoch kann aus meiner Sicht auch einiges für die „agilen Praktiken" ableiten. Wo auf dem Hype Cycle nach Gartner würden sie „agile Methoden" im Softwareentwicklungsumfeld zum aktuellen Zeitpunkt in Österreich sehen?
F10	Was halten sie vom Einsatz hybrider Methoden im Requirements Engineering, also einer Kombination aus klassischen und agilen Praktiken?
F11	Zum Abschluss ein Ausblick in die Zukunft: Stellen sie sich vor wir haben das Jahr 2025, wie sehen sie den Stellenwert agiler Methoden in Unternehmen? Ist Scrum, Kanban und Co überall im Requirements Engineering von Softwareentwicklungsprojekten angekommen?

Hype Cycle des Gartner Marktforschungsinstitutes

Der Hype Cycle nach Gartner („Hype Zyklus", o.D.) wurde von der Gartner Beraterin Jackie Fenn geprägt und beschreibt die Phasen der öffentlichen Aufmerksamkeit, welche eine neue Technologie bei deren Einführung durchläuft.

Die Darstellung erfolgt gemäß Fenn in einem Diagramm. Auf der Y-Achse ist die Aufmerksamkeit (Erwartungshaltung) für die neue Technologie dargestellt, auf der X-Achse die Zeit seit der Bekanntgabe der neuen Technologie.

Die Kurve steigt anfangs explosionsartig an, um dann nach einem Maximum ebenso stark wieder zu fallen. Nach einem Zwischenminimum steigt die Kurve erneut an bis zu einem höheren Niveau der Konstanz.

So wird der einfache Hype Cycle in fünf Teilbereiche unterteilt:

Technologischer Auslöser

Als erste Phase wird der Durchbruch, Projektbeginn oder ein ähnliches Ereignis bezeichnet, welches starkes Interesse beim Fachpublikum erweckt.

Gipfel der überzogenen Erwartungen

Die Berichte über die neue Technologie überstürzen sich und erzeugen oft übertriebenen Enthusiasmus und überzogene Erwartungen.

Tal der Enttäuschungen

Technologien kommen im Tal der Enttäuschungen an, weil sie nicht alle Erwartungen erfüllen können und schnell nicht mehr aktuell sind. Als Konsequenz ebbt die Berichterstattung ab.

Pfad der Erleuchtung

Realistischere Einschätzungen führen zu einem Verständnis für die Vorteile, die praktische Umsetzung aber auch für die Grenzen der neuen Technologie.

Plateau der Produktivität

Die Vorteile sind allgemein anerkannt und akzeptiert. So etabliert sich die Technologie immer mehr und entwickelt sich in zweiter oder dritter Generation weiter. Die Endhöhe dieses Plateaus hängt stark davon ab, ob die Technologie in Massen- oder Nischenmärkten angenommen wird.

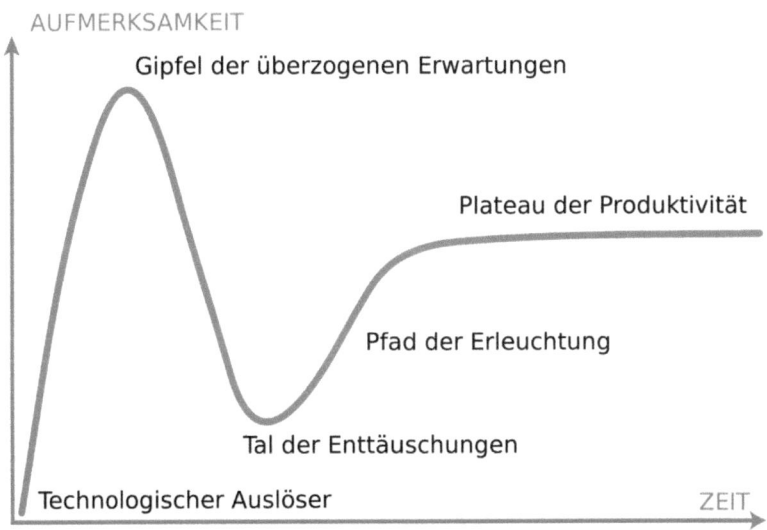

Transkripte der Interviews

Interview Experte 1

Interviewnummer:	01
Position:	Gruppenleiter
Datum:	15.01.2020
Zeit:	9:00 – 9:29

I: Seit wann arbeiten Sie bei der Firma, was ist Ihre genaue Position und seit wie vielen Jahren sind Sie im IT/Softwarebereich tätig?

EE1: Ich bin seit 2011 hier, bin Gruppenleiter. Momentan haben wir uns anders aufgestellt wie zu Beginn und jetzt bin ich für Embedded Software und sicherheitsgerichtete Software zuständig. Ich habe Kollegen die für Software mit Betriebssystemen, LINUX und embedded LINUX zuständig sind und dann noch Kollegen, die für Elektromechanik zuständig sind. Insgesamt arbeite ich seit 1997 im Softwarebereich.

I: Was bedeutet für Sie Requirements Engineering im Allgemeinen, beschreiben Sie bitte kurz den Begriff.

EE2: Das Requirements Engineering ist dazu da, damit man alle Anforderungen definieren kann und keine vergisst. Einerseits wenn sie vom Kunden kommen, das war bei meinem früheren Arbeitgeber sehr stark, dass man ein riesiges Lastenheft bekommt. Und hier ist es aktuell leider so, dass der Kunde wenig Vorstellungen hat. Der Kunde sagt einfach, er hätte gerne einmal eine Diagnose. Dann muss man die Anforderungen selber schreiben. Aber auch für die Verifikation und Validierung in unserem Bereich für bahntaugliche Software ist es wichtig, damit man nichts vergisst und auch zu jeder Anforderung einen Test hat.

I: Welche Ziele verfolgt das Requirements Engineering für Sie?

EE3: Für mich ist es im Big Picture so, dass man einerseits die Anforderungen sammelt, nichts vergisst, immer die gleiche Qualität liefert aber dadurch auch ein Wissenspool hat. Wenn man zum Beispiel Feldbeobachtungen durchführt wo Fehler auftauchen die man nicht bedacht hat. Dann kann man das mit einem Lessons Learned Prozess sofort als Anforderung wieder einbringen im nächsten Projekt.

Anhang

I: Vielleicht können Sie ganz kurz ein aktuelles Projekt beschreiben, welche Rolle Sie hatten und welche Methoden im Requirements Engineering eingesetzt wurden.

EE4.1.: Grundsätzlich sind wir in der Norm für bahntaugliche Software drinnen, dass ist die Neuere seit heuer gültige IEC50657. Bis vor einem Jahr war es noch die EN50128. Grundsätzlich verfolgt diese Norm ein V-Modell mit mehreren Phasen. Die Urmutter der Norm ist die uralte IEC61508. Der Sinn dahinter ist, dass man Phasen, also Definitionsphase, Entwurfsphase, Designphase, Entwicklungs- und Implementierungsphase und dann halt die Integration und so weiter hat. In der Praxis, gerade wie bei uns wo wir immer Neuland betreten, ist das Phasenmodell sehr schwierig. Denn ich kann nicht vorher alles vollständig definieren, wenn ich gar nicht weiß wo die Reise hingeht. Ich war in dem Projekt der Projektmanager und ja es hat uns sehr geplagt.

I: Das heißt Sie haben mit klassischen Methoden arbeiten müssen auch in diesem innovativen Bereich?

EE4.2.: Ja ich habe mich da auch ein bisschen dagegen gewehrt und hab probiert das man zuerst einmal entwickelt und dann niederschreibt was es geworden ist. Durch diverse externe Projekteinflüsse war es dann aber mehr oder weniger so, dass die Software geliefert war und wir im Nachhinein dokumentiert haben. Ein Mittelweg zwischen Prototyping, also vorab probieren, sich ein bisschen überlegen wo man hin will, dann ausprobieren und dann niederschreiben in einem kürzeren Zyklus ist viel schlauer als zuerst alles zu programmieren. Oder rein das Formale, dass ich nur schreibe und erst wenn alles geschrieben ist zu programmieren beginne. Das würde auch nicht funktionieren. Die Mitte wird wahrscheinlich das Beste sein.

I: Sie haben es schon angesprochen welche Methoden verwendet wurden, agil bzw. klassisch. In diesem Projekt wurde das V-Modell verwendet.

EE5: Weil es vorgeschrieben ist ja. Wir probieren aber gerade in Richtung agil zu schwenken.

I: Welche Vor- und Nachteile sehen Sie bei klassischen und agilen Methoden im Requirements Engineering?

EE6.1.: Das Agile wird jetzt momentan als die Lösung propagiert. Es hat natürlich Vorteile wenn ich es machen kann. Das Agile lebt ja davon, dass ich mein Produkt Backlog habe und meine Sprints definieren kann. Das würde aber wieder bedeuten

61

das ich ein Requirements Engineering habe oder Systemanforderungen habe die mir das erlauben, dass ich wirklich einen Sprintplan mache. Wenn ich jetzt aber wieder in der Innovation bin und nicht weiß wo die Reise hingeht, stolpere ich da schon wieder. Das zweite Problem, welches ich aktuell habe ist das Scrum vorsehen würde, dass ein Team immer beisammen ist und beisammenbleibt. Wenn irgendein Teil retour kommt weil es defekt war, dann muss mein Hardware Mitarbeiter das untersuchen. Also der fliegt mir aus dem Team raus. Ich habe es aktuell noch nicht geschafft, dass ich ein Team bilde welches immer beisammen sein kann. Und eben dieses Phasenmodell der Norm. Das heißt was wir gerade versuchen oder probieren ist, man muss Funktionen rausdröseln die man dann Funktion für Funktion in einem Mini V-Modell abarbeiten kann. Die Kunst liegt darin die Funktionen zu isolieren. Mit möglichst wenig Schnittstellen zum nächsten Sprint und dass man dort das V-Modell durcharbeitet mit allen Dokumenten. Der Sprintabschluss ist dann aber nicht der klassische Sprintreview, sondern die Verifikation und die Validierung. Wir haben ja nicht nur ein 4-Augen Prinzip, wir haben ein 10-Augen Prinzip. Das heißt es gibt immer einen Implementierer, einen Tester, einen Verifizierer, einen Validierer und zum Schluss wenn notwendig einen Gutachter. Außerdem hat man dann das Thema Continous Integration, das heißt man muss in der Lage sein Funktion um Funktion hinzuzufügen und das System trotzdem testbar halten. Das andere Problem ist, man muss Funktionen isolieren die idealerweise unabhängig von den anderen Funktionen sind und das ist halt auch eine idealisierte Welt die es so nicht gibt. Dann kann man das im Requirements Engineering entsprechend abbilden, das jede Funktion für sich ein „V" hat. Als Vorteil würde ich schon sehen, dass ja unser Projektmanagement daran interessiert ist wann etwas funktioniert. Wir haben ja Sachen wie Gesamtfahrzeugtests, Integrationstests, Kommunikationstests und den Projektleiter interessiert wann er den Termin ausmachen soll. Wann diese Funktion fertig ist. Den interessiert nicht wann man das Systemanforderungslastenheft geschrieben hast, mit dem Termin kann er nichts anfangen. Und somit würde ich das funktionsorientierte Entwickeln im agilen Umfeld schon als Vorteil sehen, auch in der Kommunikation nach außen. Und wenn eine Funktion dann funktioniert hat man auch Feedback für die Mannschaft. Denn unsere Projekte laufen doch oft 4-5 Jahre ohne das man jemals etwas sieht. Wir haben also nie das Erfolgserlebnis, dass auch jeder einmal gerne hat. Wir kriegen maximal nicht geschimpft.

I: Das waren jetzt also die Vorteile der agilen Methoden?

EE6.2.: Ja genau.

I: Welche Herausforderungen sehen Sie grundsätzlich wenn man agile Methoden im IT Umfeld einführt?

EE7.1.: Habe ich schon gesagt, also mein Problem ist das ich noch nicht die Möglichkeit habe ein fixes Team zusammenzustellen. Idealerweise braucht man aber zwei. In dem Umfeld ist dann sicher auch das Thema Urlaubsvertretung und Krankheitsvertretung ein Thema. Ich kann es mir nicht leisten, dass ich zwei Monate nicht aussagefähig bin über irgendein Problem. Also da sehe ich die Theorie vom Agilen in der Praxis noch nicht so richtig. Das Zweite ist das man das Funktionale abbilden muss, also quasi die ganzen Systemanforderungen in Einzelfunktionen herunterbrechen die idealerweise unabhängig sind. Gepaart aber mit der Hardware, wenn du Hardware hast musst du ja auch Hardwaretests planen, die wiederum brauchen oft schon 80 – 90 Prozent der ganzen Software das es läuft. Also wie bringt man da den Terminplan ins Reine. Und hinten hinaus das Thema der „Continous Integration". Wie schafft man es Funktion für Funktion hinzuzufügen, damit das Ganze testbar bleibt. Und auch die automatisierten Testprüfstände, dass diese mitwachsen sodass die neue Funktion die man dazugegeben has auch testbar ist. Also das ist schon ein Planungsaufwand der enorm ist und dann ist hier die Frage was besser ist. Ist man wirklich schneller mit agilen Methoden? Wo ich schon den Vorteil sehe beim Agilen ist, dass wenn man das in einzelne Probleme aufgedröselt hat, es für die Leute leichter ist das Problem zu analysieren und zu beherrschen. Sodass die Software am Ende des Tages fehlerfreier ist.

I: Welche Herausforderungen sehen Sie auf sozialer Ebene, wenn man mit agilen Methoden z.B. Scrum arbeitet?

EE7.2.: Naja Dinge wie das Daily Standup sollten nicht zum „Kaffeeklatsch" verkommen. Hier ist eben auch eine gewisse Konsequenz gefragt, da ist sicher der Scrum Master gefordert. Die Techniker leiden ja oft an diversen sozialen Schwächen, sind Eigenbrödler oder was auch immer und sind nicht so kommunikationsstark. Wenn ich jetzt diesen Teamgedanken hervorkehre wie es das Agile tut, dann brauche ich auch eine entsprechende Mannschaft. Beziehungsweise wenn ich sie nicht habe muss ich die Mannschaft bilden können, also mit Kursen und so weiter. Grundsätzlich kommt es bei uns jetzt aber von ganz oben, dass wir alles agil machen und wir agil sind und werden. Ich finde es wie bei Religionen, wenn ich das eine zu religiös betreibe dann werde ich auch nicht zum Erfolg kommen.

I: Aus welchen Gründen könnte es Ihrer Meinung nach sinnvoll sein agile Methoden einzuführen in einem Unternehmen?

EE8: Weil es ja doch Studien gibt die zumindest versprechen das es schneller, günstiger, qualitativ hochwertiger und so weiter ist. Und ich kann es mir auch aus zuvor gesagten Gründen durchaus vorstellen, dass es so ist.

I: Ich weiß nicht ob Sie den Hype Cycle von Gartner kennen, wo im Prinzip immer Technologien bewertet werden. Jetzt sind agile Methoden zwar keine Technologie, dennoch wo würden Sie agile Methoden wie Scrum, Kanban etc. auf diesem Hype Cycle einordnen, in Österreich aktuell?

EE9: So wie es momentan in aller Munde ist, ist gleich auch meine „obersten Vorturner" reden davon, würde ich sagen, dass wir im Hype sind. Die brauchen die Erkenntnis noch, dass das nicht die Erlösung ist und da kein Prophet dahintersteht. Sondern dass das einfach eine andere Art der Arbeit ist, die genauso ihre Herausforderungen hat. Ich glaube nicht, dass wir schon auf dem Plateau sind. Nein. Das Tal der Enttäuschung wird für meine Chefs noch kommen, ich habe es schon gehabt.

I: Was halten Sie vom Einsatz hybrider Methoden im Requirements Engineering?

EE10: Also ich darf ja gar nicht anders. Ich habe auch schon Gespräche mit Gutachtern gehabt, also für uns ist es gar nicht anders erlaubt. Die Norm schreibt einfach die Phasen vor und der Gutachter hat gemeint er traut sich das nicht zu ignorieren. Ich sehe die klassische Norm schon als die Anleitung zum richtigen Entwickeln. Sie ist schon nervig, denn man möchte ja programmieren und man ist ja nicht zum Schreiben da, aber sie ist auf keinen Fall falsch. Und diese Kombination aus einer Anleitung zum richtigen Entwickeln und einer Methodik die auf Änderungen reagieren kann ist sicher das Schlauere.

I: Was glauben Sie welchen Stellenwert agile Methoden in 5 Jahren haben werden? Ist man dann schon weiter, ist es dann schon angekommen in Unternehmen bzw. auch bei den Leuten selbst?

EE11: Ich habe gerade noch einmal anders gedacht. So Dinge wie auch Entwicklungsmethoden, neuronale Netze usw. wechseln ja wie in der Mode. Der Minirock kommt auch alle 10 Jahre wieder. Ob da nicht vielleicht schon wieder ein neuer Hype entstanden ist für irgendetwas anderes. Ich weiß es nicht. Ich kenne ja auch Leute in anderen Firmen die agile Methoden nicht nur in der Softwareentwicklung, sondern auch in anderen Bereichen anwenden. Das agile Methoden vermutlich bleiben und zumindest flächendeckender angewendet werden.

Interview Experte 2

Interviewnummer:	02
Position:	Senior Project Manager
Datum:	03.01.2020
Zeit:	09:00 – 09:23

I: Seit wann arbeiten Sie bei der Firma, was ist Ihre genaue Position und seit wie vielen Jahren sind Sie im IT/Softwarebereich tätig?

EZ1: Ich bin seit Oktober 2018 bei der aktuellen Firma, ich bin als Senior Projektleiter angestellt. Ich bin im IT Umfeld seit 2012 und in der Rolle des Projektleiters seit 2013.

I: Was bedeutet für Sie Requirements Engineering im Allgemeinen? Bitte beschreiben oder definieren Sie kurz Ihre Vorstellungen zu diesem Begriff.

EZ2: Requirements Engineering ist einer der Startpunkte eines jeden Projekts, wenn man so möchte. Es geht darum die Umfänge oder die Erwartungshaltung des Kunden zu verschriftlichen und zu dokumentieren um am Ende des Tages das gewünschte Ziel zu erreichen.

I: Welche Ziele verfolgt Requirements Engineering aus Ihrer Sicht?

EZ3.1.: Der Kunde hat eigentlich meist eine sehr klare Vorstellung im Kopf und die Herausforderung ist es, dass aus den Köpfen abzusaugen und dementsprechend niederzuschreiben und zu dokumentieren, damit es für Außenstehende relativ rasch verständlich ist um was es da geht und was erwartet wird oder umgesetzt werden muss.

I: Wie gehen Sie damit um wenn die Anforderungen beim Kunden noch nicht klar sind?

EZ3.2.: Das ist eigentlich unser tägliches Brot, wir arbeiten ständig damit. Auch in der Vergangenheit war das immer das Tagesgeschäft. Sehr wichtig ist es dann auch es festzuhalten, zu claimen und dass der Kunde weiß, dass es so nicht besprochen wurde. Aber dass es eine gewisse Auswirkung hat entweder zeitlich oder kostentechnisch, eine Auswirkung hat es, wenn man etwas nachträglich erfasst und das ist auch klar und transparent zu kommunizieren. Und deswegen habe ich da sehr gute Erfahrungen gemacht damit.

I: Bitte beschreiben Sie ein aktuelles Projekt und Ihre genaue Rolle. Wird dort Requirements Engineering eingesetzt und wenn ja werden agile oder klassische Methoden verwendet?

EZ4.1.: Die Firma versucht eigentlich sehr viel mit Scrum abzuwickeln, generell. Wir versuchen uns auch auf die Kunden einzustellen. Vor Weihnachten hat ein Projekt begonnen, das mit Lean Management abgewickelt wird. Aber das aktuell laufende und aktuellste ist nach wie vor mit Scrum. Agil in dem Sinne, dass wir Entwicklungszyklen auf zwei oder drei Wochen Basis haben, das ist jeweils unterschiedlich. Und wir versuchen für jeden Zyklus immer den Backlog so gut es geht zu befüllen und auch so gut es geht auszudefinieren, damit die Entwickler wissen worum es geht und wie es umzusetzen ist.

I: Welche Rolle ist Ihre in dem Projekt?

EZ4.2.: Ich bin da der Projektleiter – kaufmännisch und fachlich verantwortlich.

I: Das heißt Sie arbeiteten mit Scrum, so wie Sie gesagt haben mit einem Backlog und auch mit einer Art Kanban Board?

EZ4.3.: Genau, wir versuchen das mit einem Board zu tracken. Das ist ein sehr komplexes Tool das wir da schnitzen und da ist es die Herausforderung, das da noch sehr viel im Kopf des Kunden herumgeistert was er denn noch gerne hätte. Was der Kunde da sehr gut macht ist, jedes Mal wenn da ein „Gehirnpfurz" kommt, schreibt er das gleich nieder und das wird dann im Backlog aufgezeichnet. Entweder verstaubt das oder wird wieder aufgegriffen. Wenn es wieder aufgegriffen wird, versuchen wir es noch zu verfeinern im Sinne der Dokumentation und dem Kunden die richtigen Fragen zu stellen die er sich vielleicht selber noch gar nicht gestellt hat zu diesem Requirement. Das nehmen wir dann heraus und geben es in den nächsten kommenden Zyklus hinein.

I: Das heißt Sie arbeiten auch mit User Stories?

EZ4.4.: Genau. Wir versuchen das auch mit Akzeptanzkriterien für jede Story zu hinterlegen. Das man wirklich sagen kann, jetzt ist der Sprint abgeschlossen, das Inkrement wurde geliefert. Bitte teste deine Stories und da hast du deine Akzeptanzkriterien und wenn die erfüllt sind ist die Story abgeschlossen und kann abgenommen werden.

I: Weil Sie Dokumentation angesprochen haben, das gibt es ja in dem Umfang nicht bei den agilen Methoden. Das heißt das ist schon auch eine Kombination? Sie verwenden agile Methoden, vermischt mit den klassischen

Methoden? Das heißt Sie haben Scrum und Lean Management zum Beispiel, verwenden aber auch die Dokumente, die ja aus dem Klassischen kommen mit?

EZ4.5.: Genau. Also das macht es insbesondere leicht. Wir haben da sehr viele Inder, die beim Testen unterstützen und die werden peu à peu „ongeboardet" oder ausgetauscht und die tun sich dementsprechend leicht wenn da sehr viel vorhanden ist wo sie sich einlesen können.

I: Bitte beschreiben Sie die agilen und/oder klassischen Praktiken, die in diesem Zusammenhang angewendet wurden.

EZ5.1.: Scrum und Lean Management und bei SSI Schäfer kannte ich es noch als strikte Wasserfall Abwicklung. Wasserfall hat auch seine Vorteile gehabt, wir haben da sehr viel Zeit in die Spezifikation investiert, haben wirklich ein 800 Seiten Monster geschrieben. Aber das hat auch seine Vorteile gehabt, weil einfach im Detail schon alles sehr behirnt wurde von Anfang an, was dann im Nachhinein die Entwicklung leichter gemacht hat. Aber der Nachteil wiederum war, dass man das Pflichtenheft geschrieben hat und dann hat man sich halt erst wieder in einem Jahr gesehen.

I: Da verändert sich das dann schon wieder vieles.

EZ5.2.: Richtig.

I: Welche Vor- bzw. Nachteile sehen Sie bei diesen klassischen und/oder agilen Requirements Engineering Methoden?

EZ6.1.: Ich finde beim Klassischen ist der große Vorteil der, dass man intensiv zusammensitzt in Workshops und sich intensiv das Hirn zerbricht über das was gefordert ist. Man hat dann schon sehr viel Zeit investiert und hat dann ein klares Bild was auf Kundenseite erwartet wird. Auch der Kunde hat sich sehr intensiv damit auseinandergesetzt, was er dafür eigentlich noch machen muss. Das hat einerseits den Vorteil, dass dementsprechend viel Vorlaufzeit da ist um das dann umzusetzen. Auf der anderen Seite, wie du schon richtig gesagt hast, es ändert sich mit der Zeit einfach sehr viel, es ist der Anspruch ein anderer. Ist beim Wasserfall der klare Nachteil. Man hat mit der Entwicklung begonnen, es ist ein Pflichtenheft abgenommen und dann möchte der Kunde den Knopf lieber in Blau als in Rot. Dann ist es schwieriger einzugreifen. Beim Agilen wiederum ist es ein klarer Vorteil, dass es leichter ist mit Änderungen umzugehen, mit Änderungswünschen. Vorteil ist, der Kunde hat das Produkt relativ schnell in Händen, kann es „angreifen" und kann sich besser etwas darunter vorstellen. Weil aus dem Geschriebenen tut man sich relativ schwer sich etwas vorzustellen. Wenn man es „angreifen" kann, das Stück Software, ist es für den Kunden wesentlich einfacher, als nur mit dem geschriebenen Wort. Und deswegen der klare Benefit für Scrum, Kanban und Lean Management.

I: In der Zusammenarbeit mit dem Team, wo sehen Sie Vor- und Nachteile?

EZ6.2.: Ich finde der zeitliche Aufwand wird massiv unterschätzt bei agilen Methoden. Gerade was das Schreiben des Backlogs oder der Stories betrifft, ist das massiv viel Aufwand. Auf Kundenseite wird das massiv unterschätzt, dass das eigentlich ein Vollzeitjob ist, der da benötigt wird. Auch im Team das dann zu hinterfragen und „feinzutunen". Als Product Owner bringst du die Stories ja in das Team hinein und versuchst im Team das Bild nochmal zu zeichnen. Und da kommen nochmals sehr viele Fragen auf. Teilweise wenn die Requirements sehr schwammig definiert sind, bleibt sehr viel Aufwand beim Product Owner hängen. Aber im Team kommt es sehr gut an. Ich habe auch teilweise das Gefühl, dass die Entwickler sehr gut damit umgehen können. Wir haben Entwickler die sehr neu mit diesem Thema, also Scrum arbeiten und lernen immer mehr und besser damit umzugehen. Auch was das Abschätzen betrifft tun sie sich immer leichter. Man merkt einfach dieses direkte Feedback am Ende des Entwicklungszyklus für die Entwickler, das ist einfach das Beste und Schönste.

I: Das heißt Sie haben auch das Gefühl die Leute kommen mit dieser Selbstverantwortung, die man ja mit agilen Methoden hat, sehr gut zurecht?

EZ6.3.: Im Generellen schon ja.

I: Welche Herausforderung sehen Sie bei der Einführung agiler Praktiken im IT Umfeld eines Unternehmens?

EZ7: Was könnte eine Herausforderung sein? Ich meine die Umstellung auf Entwicklungszyklen auf 2 Wochen, 3 Wochen, 4 Wochen Rhythmen was auch immer. Das man da immer ein Paket schnüren muss und das möglichst fehlerfrei abliefern, vielleicht ist das die größte Umstellung. Beim Wasserfall arbeitest du immer lustig darauf los und wenn du fertig bist, bist du fertig. Aber im Agilen hast du immer einen gewissen Abgabezeitpunkt und da muss ein gutes Stück Software abgegeben werden. Vielleicht ist das die massivste Umstellung. Auch die Zusammenarbeit, im Agilen darf sich jeder Entwickler selbst aussuchen was er denn möchte aus diesem Storyboard und vielleicht ist das auch eine große Verwirrung am Anfang. Es ist auch eine Kulturfrage in meinen Augen. Wir haben sehr viele Bosnier bei uns in der

Firma. Die sind da wenig proaktiv, einfach von der Kultur her. Ich glaube für die war es auch eine große Umstellung da jetzt selbstständig etwas rauszusuchen.

I: Aus welchen Gründen könnte es Ihrer Meinung nach sinnvoll sein, agile Methoden in einem Unternehmen einzuführen?

EZ8: Ich finde dieser agile Hype der zurzeit ist, ist vielleicht für reine Softwareentwicklungsunternehmen sehr sinnvoll. Wenn ich ein einzelnes Produkt hätte, auf das ich mich fokusieren könnte um dieses Produkt weiterzuentwickeln, glaube ich macht das am allermeisten Sinn. Weil du einfach gewisse Zyklen hast, wo du einen „Bunch of Tickets" reinwirfst und die werden dann weiterentwickelt. Im Individualsoftwarebereich so wie wir es sind, ist es teilweise sehr schwierig da mit Scrum zu arbeiten. Warum ist das so? Weil der Kunde auf der anderen Seite ja kein fixes Produkt bekommt. Er bekommt ja ein komplett Neues von der grünen Wiese Geschnitztes und da ist der Aufwand der auf beiden Seiten und vielmehr auf Kundenseite anfällt massiv. Also Zeitaufwand um dieses Requirement oder Pflichtenheft zu spezifizieren. Weil wie schon eingangs gesagt, es ist nur im Kopf vom Kunden. Er hat einen Schmerz, der mit einem Stück Software gelöst werden soll. Aber wir können uns, wenn wir neu dazukommen gar nichts darunter vorstellen. Nur mit vielen Frage- und Antwortspielchen, können wir dieses Stück Software beginnen zu entwickeln. Agile Methoden hängen auch sehr stark davon ab, wie weit der Kunden in seinem Unternehmen ist. Wenn der Kunde stark Wasserfall Methoden gewöhnt ist und nur diese Praktiken genutzt hat, dann wird es auch schwieriger sein diesen Kunden mit agilen Methoden zum Erfolg zu bringen. Und das finde ich machen wir sehr gut als Firma. Uns ist es egal, wir stellen uns relativ gut ein was der Kunde braucht. Wenn er sagt er will „Lean", dann machen wir „Lean" und wenn er „Wasserfall" möchte, dann machen wir es so. Das hat in den letzten zwei Projekten wo ich dabei war relativ gut funktioniert. Also es ist schon eine große Zusammenarbeit mit dem Kunden und kann positiv als auch negativ beeinflussen, wenn man agile Methoden einsetzt.

I: Vielleicht kennen Sie den Hype Cycle in welchem das US Marktforschungsinstitut Gartner jedes Jahr Technologien bewertet. Nun sind agile Methoden zwar keine Technologie, dennoch kann man aus meiner Sicht auch einiges für die agilen Praktiken ableiten. Wo auf dem Hype Cycle nach Gartner würden Sie agile Methoden im Softwareentwicklungsumfeld zum aktuellen Zeitpunkt in Österreich sehen?

EZ9: Wir sind glaube ich zurzeit am Gipfel. Also gerade in Österreich ist der agile Hype sehr massiv. Überall wird gesagt: „Agil, agil, agil". Nur wenige können sich dann etwas darunter vorstellen. Ich finde es gut, dass alles in diese Richtung geht. Man merkt auch, dass es mittlerweile sehr viele Zertifizierungen dafür gibt, also der Markt ist extrem dafür gewachsen und die Nachfrage ist da. Aber man merkt auch, dass es den Leuten immer mehr und mehr bewusst wird was da eigentlich alles an Aufwand dahintersteckt. Das da ganze Unternehmenskulturen umzureißen sind.

I: Was halten Sie vom Einsatz hybrider Methoden im Requirements Engineering, also einer Kombination aus klassischen und agilen Praktiken?

EZ10: Ich glaube es geht ganz klar in diese Richtung in den nächsten Jahren. Dieses ganz rein Agile wird sich nicht halten. Es ist der große Hype der jetzt in diese Richtung geht, aber meine Vermutung ist, dass es in diese hybride Richtung gehen wird in der Zukunft.

I: Zum Abschluss ein Ausblick in die Zukunft: Stellen Sie sich vor wir haben das Jahr 2025, wie sehen sie den Stellenwert agiler Methoden in Unternehmen? Ist Scrum, Kanban und Co überall im Requirements Engineering von Softwareentwicklungsprojekten angekommen?

EZ11: In Österreich sind wir da definitiv weit hinten oder in Mitteleuropa generell. Wenn man sich da Schweden oder Finnland oder die USA anschaut, die sind da sehr weit vorne. Die haben das auch in den Unternehmenskulturen schon relativ weit vorne etabliert. Wir sind auf einem sehr guten Weg. Ich glaube 2025 ist realistisch, dass da sehr viele Unternehmen das schon umgesetzt haben.

Interview Experte 3

Interviewnummer:	03
Position:	Scrum Master/Agile Coach
Datum:	03.01.2020
Zeit:	15:00 – 15:33

I: Seit wann arbeiten Sie bei der Firma, was ist Ihre genaue Position?

ED1: Bei der Firma bin ich seit September 2019, bin dort Agile Coach, das heißt ich betreue konkret ein Team und bin auch mit dem Head of Organisation Development dafür zuständig die agile Evolution vom Projekt und vom ganzen Unternehmen zu fördern. Das heißt eine Dualrolle, einerseits Organisationsentwicklung andererseits Teambetreuung.

I: Seit wie vielen Jahren sind Sie grundsätzlich schon im Software- bzw. IT Umfeld tätig?

ED2.1.: Das sind jetzt 9 Jahre. Ich bin jetzt explizit im September zu dieser Firma gegangen, damit ich mal etwas anderes kennenlerne. Ich arbeite mit einem Team aus Chemikern, Physikern und Laborleuten. Code schreiben tun die herzlich wenig, schon auch aber nur für Analysen und Auswertungen. Und ich bin dort explizit hingegangen um Agilität außerhalb des Softwareumfeldes zu erleben. Es sind drei Teams und nur eines davon ist ein Softwareteam, das andere ist ein Hardwareteam und eines sind meine Wissenschaftler. Das heißt davor rein Software und jetzt einmal etwas komplett anderes. Agilität auf einem anderen Niveau.

I: Sehen Sie Unterschiede zwischen dem Hard- und Softwarebereich?

ED2.2.: Ja große Unterschiede, weil wenn ich zum Beispiel Hardware hernehme. Eine Zeile Code ist schnell geschrieben. Ich kann den Code nehmen und jemandem zeigen. Das geht bei User Stories, wenn sie passend geschnitten sind innerhalb von ein bis zwei Tagen bis ich ein Resultat sehen kann. Bei Hardwareentwicklung ist es einfach komplett anders, weil ich das fertige Ding nicht so schnell hinstellen kann. Wir haben jetzt gerade einen Prototypen fertiggemacht, da war die heiße Phase ein Jahr. Ich kann natürlich das Ganze beschleunigen und sage ich arbeite mit 3D Druckern und so weiter, aber dennoch. Wir haben zum Beispiel sehr viele externe Lieferanten und keiner von unseren externen Lieferanten kann mit dem Wort Agilität oder Scrum oder Sprints oder iterativem Arbeiten etwas anfangen. Das sind von der Struktur extrem konservative Unternehmen, die auch gut arbeiten aber wo explizit keine agilen Methoden drin sind. Das heißt ich warte dann oft sechs oder acht Wochen auf ein Teil, bis ich es mit anderen Teilen zusammenschrauben kann wo ich auch 8 Wochen drauf warte. Man muss dann trotzdem schauen wie man den Feedbackgedanken reinbringt. Feedback generieren mit technischen Zeichnungen, 3D Prints und so weiter. Also da sind definitiv Unterschiede, das sind „Constraints" die ich in der Software nicht habe. Weil da setze ich einfach Leute hin, die „hacken" den Code runter und ich bin fertig, vereinfacht gesagt. Und ich kann etwas anschauen und etwas durchklicken und das gibt es halt im Hardwarebereich schwer. Da muss ich versuchen Feedback anderweitig zu generieren. Und bei meinen Chemikern, Physikern und so weiter ist sowieso noch einmal alles ganz anders, weil die halt überlegen. Messe ich genau genug, kann ich jetzt meine 40 medizinischen Parameter mit der Mechanik, die ich jetzt habe mit dieser Optik genau genug messen? Das dauert Wochen bis sie sagen können ob es passt oder nicht. Das heißt da ist so etwas wie Scrum auch nur bedingt anwendbar. Da dresche ich keine

Methoden durch, da schaue ich wie ist die Kollaboration zwischen den Leuten, wie schaut es aus mit Motivation, wie mit Kommunikation aus. Wie ist die Interaktion mit anderen Teams. Da schaue ich eher auf agile Interaktionen und nicht so sehr auf exzessives „Methodendreschen", da ist der Fokus ein anderer. Es gibt also massive Unterschiede zwischen Software und anderen Bereichen. Aber es ist nicht so tragisch, man kann immer dieselben Methoden anwenden. Denn es geht eigentlich immer um Soziologie, um Emotion, um Motivation. Das heißt man kann immer dieselben Paradigmen anwenden und muss schauen was passt und die Leute einladen mitzumachen.

I: Was bedeutet für Sie Requirements Engineering?

ED3: Requirements Engineering, das ist für mich Anforderungsanalyse. Also was braucht der Kunde, wie kann ich das darstellen, was gehört da dazu, was gibt es für „nonfunctional Requirements", was gibt es für funktionale Anforderungen, wie muss das genau ausschauen, was löst das beim Kunden für Probleme.

I: Welche Ziele verfolgt das Requirements Engineering aus Ihrer Sicht?

ED4: Aus meiner Sicht, möglichst gut Kundenanforderungen zu erfüllen.

I: Sie haben gerade vorher über das neue Projekt gesprochen und Ihre Rolle, wie wird das Requirements Engineering dort umgesetzt?

ED5.1.: Requirements Engineering ist eher noch auf der klassischen Seite, einfach weil der Markt aktuell so funktioniert. Man weiß welche Geräte am Markt sind und dann schaut man was besser gemacht werden kann. Ist es für Distributoren interessant, für Kunden, für User. Das heißt ich habe eigentlich drei Personas die ich glücklich machen muss. Und dann baut man sowas und bauen tut man so etwas 10 Jahre lang, das ist eine immense Durchlaufzeit.

I: Wie war das bei einer anderen Firma im Softwarebereich?

ED5.2.: Sehr agil. Ich bin bei meinem Projekt am Schluss wöchentliche Sprints gefahren, da war ich Scrum Master von zwei Teams. Da haben wir wirklich in einem Wochensprint eine Kommunikationsplattform entwickelt und haben bei diesem Projekt fast das Optimum geschafft. Scrum ist ja sehr stark auf Delivery ausgelegt. Wir haben dann auch mit Methoden gearbeitet wie zum Beispiel „Design Thinking" und „Design Sprints" um auch eine Discovery reinzubringen. Um auch zu schauen, wo ist der „Value" für den Kunden und das in kurzen Zyklen zu liefern, mit Usern im Sprintreview drin. Wir haben auch sehr stark mit Metriken gearbeitet. Wird das Feature angenommen vom Kunden, funktioniert das und so weitergearbeitet. Und da haben wir es sehr in Richtung Perfektion getrieben. Wirklich ein sehr starker „value driven" Ansatz wo man sagt, wo sind die Kundenbedürfnisse, wo ist der Kundennutzen und das wirklich in wöchentlichen Sprints als „moving target" gesehen.

I: Welche Vor- und Nachteile sehen Sie bei den klassischen und agilen Methoden?

ED6.1.: Unpopuläre Antwort. Ich sehe weder Vor- noch Nachteile. Es kommt darauf an wo ich bin. Wenn ich in einem komplexen Umfeld bin, dann geht es meiner Meinung nach ohne agile Methoden nicht. In einem komplexen Umfeld mache ich etwas und weiß dann nicht was diese Aktion wiederum auslöst an Gegenreaktionen am Markt, beim Kunden, bei Usern… ich weiß es nicht. Hier muss ich mit agilen Methoden arbeiten um reagieren zu können und einen „Value" zu finden, um Innovation zu generieren. Denn eigentlich ist ja ein Innovationsmanagement drinnen. Eine gute agile Anwendung von Methoden ist ja ein Innovationsmanagement, das heißt wenn ich im Komplexen bin muss ich meiner Meinung nach agil arbeiten. Wenn ich nicht im Komplexen bin, sondern nur im Komplizierten, dann ist Wasserfall mit einem klassischen Requirements Engineering total ok. Wenn es planbar ist dann soll es für mich Wasserfall sein, wenn es wirklich planbar ist, aber das ist es halt meistens nicht. Man verwechselt glaube ich oft wo man sich befindet. Das ist der Fehler, der in der Vergangenheit oft gemacht wurde. Das man sich im komplexen Umfeld befindet aber mit klassischen Methoden „draufdübelt" und Dinge planbar machen will, die nicht planbar sind.

I: Das heißt Sie sehen das sowohl bei klassischen als auch agilen Methoden so, dass es weder Vor- noch Nachteile gibt?

ED6.2.: Genau. Wenn ich im komplizierten Umfeld bin, wo ich sage Ursache und Wirkung sind klar und ich komme mit Agilität daher, dann habe ich potentiell einen Overhead. Wenn ich im komplexen Umfeld bin dann brauche ich die ganzen Meetings um zu sagen was passiert gerade, wo stehe ich, wie machen wir weiter, was machen wir als nächstes. Dann braucht es das.

I: Welche Herausforderungen sehen Sie, wenn man agile Methoden in einem Unternehmen einführen will, quasi von der „grünen Wiese" weg?

ED7.1.: Die große Herausforderung ist, dass es ein anderes Mindset ist. Denn nur einen Prozess ändern oder irgendwelche Meetings, das geht gleich mal. Aber die Herausforderung ist das Mindset, vor allem wenn das Management klassische Strukturen gewohnt ist. Klassische Teamstrukturen und Abteilungsstrukturen, das ist eine Umstellung. Es geht um Loslassen, es geht sehr stark auch um Angst. Es kommt Transparenz rein in das Ganze und das deckt auch wieder Dinge auf, macht Probleme sichtbar. Es baut stark auf Soziologie auf, auf intrinsischer Motivation. Ich kann nicht einfach nur Scrum einführen oder Kanban oder Extreme Programming oder mit Design Sprints arbeiten, sondern ich muss schauen wie kann ich die Arbeit so strukturieren das die intrinsische Motivation der Leute passt. Und das ist halt die Herausforderung, dass Leute bei so einer Einführung auch wissen was sie tun und dass es das ganze Unternehmen betrifft. Ich kann nicht sagen die Softwareleute sollen das machen, dann bringt es mir nicht viel. Ich muss das ganze Unternehmen einbinden, muss externe Partner einbinden, ich muss Kunden einbinden. Es ist eine ganz andere Denkweise, die vor allem ein anderes Mindset beinhaltet, das bei einem selbst beginnt. Wo ich sagen muss, ich weiß nicht was mein Team braucht. Und ich muss mich hinstellen und fragen was brauchen sie um ordentlich arbeiten zu können. Aber das ist vielfach nicht so wie es gesehen wird. Man geht da sehr stark dagegen wie die Welt funktioniert habe ich festgestellt. Denn es wird einem in der Schule schon abtrainiert in Wahrheit. Es wird in der Schule abtrainiert zu schauen, was kann ich gut und worauf konzentriere ich mich und wo kann ich mich gut einbringen. Nein, du musst das, das und das machen und wehe du kannst das nicht, dann ist alles aus. Wo auch gesagt wird, das sind die Mindeststandards die musst du erfüllen und fertig. Denn Agilität heißt, dieses Ziel wollen wir erreichen. Passt dieses Ziel für euch? Findet ihr das die Vision sinnvoll ist? Könnt ihr die Vision noch verbessern? Nein, passt das ist die Vision. Wir haben uns gemeinsam auf die Vision geeinigt. OK, was braucht ihr jetzt um die Vision zu erreichen, wie kann ich euch helfen. Und das ist vielfach nicht so wie es läuft. Das erfordert Vertrauen und solche Dinge. Das sind so die Herausforderungen.

I: Sind Sie der Meinung, dass die agilen Methoden auch in die hierarchischen Strukturen von Unternehmen eingreifen?

ED7.2.: Definitiv ja. Wenn ich jetzt an einen Lebensmitteldiskonter denke, dann geht es vielfach darum mit den minimal möglichen Kosten das Zeug in die Regale zu bringen. Also ich wette ich kann dort auch etwas besser machen mit agilen Methoden, mit agilem Coaching. Aber es wird jetzt nicht so das „Mörderding" sein. Da geht es eher um eine gut geölte Managementmaschinerie. Wenn ich im komplexen Umfeld bin, wo ich Software baue, wo ich irgendetwas baue wo ich nicht weiß wie das am Markt ankommt, denn ich kann es nicht wissen solange ich die Leute nicht frage, dann muss ich mit so etwas arbeiten und dann brauche ich auch eine andere Unternehmensstruktur. Dann brauche ich eine andere Organisationsstruktur, wo ich sage ich habe ein Unternehmen aus möglichst autarken, fraktal skalierten

Einheiten. Aus Teams die möglichst autonom etwas liefern können für den Markt. Denn ich kann nicht sagen: „Team liefert!" und sie müssen zum Teamleiter, der muss zum Abteilungsleiter, der muss zum Divisionsleiter und der muss zum C-Level gehen, damit der dann sagt, dass ist ok. Denn während der fünf Wochen, die das dauert hat sich schon wieder alles geändert. Ich muss schauen, dass ich die Teams „enable" und dass ich fraktal organisierte Einheiten habe, die möglichst autonom etwas liefern können. Die ich direkt mit dem Kunden zusammen hänge und nicht die ganze hierarchische Kette hinauf und dann die ganze hierarchische Kette hinunter. Ich muss schauen, dass die Leute die das machen direkt am Kunden sind. Und deshalb braucht man eine ganz andere Organisationsstruktur als die, die man klassischerweise in etablierten Unternehmen findet. Und deswegen geht das definitiv Hand in Hand und auch das ist wieder eine Herausforderung, denn ich muss alles umkrempeln. Es betrifft einfach alles, es betrifft HR genauso. Dann hilft mir das klassische Mitarbeitergespräch einmal im Jahr nichts. Ich muss schauen, dass ich kurzzyklischer arbeite, kurze Feedbackzyklen etabliere. Mit den Leuten rede und sage: „Wo willst du hin? Was ist gut gelaufen für dich?" Und nicht sage, du hast jetzt 80% deiner Ziele erreicht, supertoll. Dann muss ich mich hinsetzen und mit den Leuten reden. Was ist für dich gut gelaufen, was ist weniger gut gelaufen, wie können wir das ausbauen was gut gelaufen ist und auf die positiven Unterschiede schauen. Wo hast du dich gut gefühlt im letzten Quartal und wie können wir das ausbauen wo du dich gut gefühlt hast, wo du eine gute Arbeit hast machen können. Was brauchst du dafür noch vom Unternehmen. Dann muss ich über solche Dinge reden und das ist halt anstrengend, das ist halt unbequem. Das ganze Reflektieren ist halt unbequem. Aber das braucht es alles und da stecken die Herausforderungen. Es braucht ein anderes Mindset.

I: Aus welchen Gründen meinen Sie sollte ein Unternehmen agile Methoden einführen?

ED8: Ganz klar, wenn ich in einem komplexen Umfeld bin. Wenn ich Probleme habe mit Mitarbeiterzufriedenheit, wenn ich Probleme habe mit Mitarbeitermotivation, wenn es da was gibt. Wenn ich Probleme habe auf Kundenwünsche zu reagieren. Das ist vielleicht einer der wichtigsten Punkte überhaupt. Wenn ich wirklich Probleme habe mit Kundenzufriedenheit, wenn ich Probleme habe für den Kunden Wert zu generieren, dann auf jeden Fall agile Methoden. Auch wenn ich in der Service Industry bin, kann ich mit Service Design Thinking hergehen und sagen ich gehe zum Kunden und schaue dem zu wie er tut. Dafür bekommt er das Produkt zum halben Preis oder bekommt er es umsonst, ist ja egal. Aber ich kann den Leuten zuschauen, wie sie mit meinem Zeug arbeiten. Und das sind alles Gründe wo ich sage, da brauchst du einfach agile Methoden, das macht einfach Sinn. Wenn ich in Unternehmen Dinge höre wie zum Beispiel: „Ich weiß nicht was das andere Team tut" oder „Ich weiß nicht was meine Kollegen im Team machen.", dann ist das ein Klassiker wo ich einfach sage, da braucht ihr eine agile Denkweise.

I: Sie kennen sicher den Hype Cycle nach Gartner?

ED9.1.: Ja kenne ich.

I: Wo im Prinzip jedes Jahr Technologien bewertet werden, eingestuft werden wo sie sich befinden auf der Kurve. Wo würden Sie agile Methoden wie Scrum, Kanban etc. einordnen?

ED9.2.: Für Österreich oder Graz?

I: Für Österreich.

ED9.3.: Gute Frage. Ich glaube wir sind noch am Gipfel der überzogenen Erwartungen.

I: Warum?

ED9.4.: Wenn ich an die Softwareindustrie denke, sind wir wahrscheinlich schon am Pfad der Erleuchtung. Wenn ich über alle Unternehmen und alle Branchen drüber schaue dann sehe ich es eher am Gipfel der überzogenen Erwartungen. Ich glaube das es in der Softwareindustrie immer besser und besser verstanden wird. Nur generell über alle Branchen drüber, wo auch so Dinge wie Business Agility ein Thema sind, dann sind wir eher noch am Gipfel der überzogenen Erwartungen und haben noch nicht ganz verstanden was da lauft. Weil es nicht darum geht einfach Agilität einzuführen und dann ist alles gut. Nein, es ist ein Mindset wo ich „act, inspect and adapt" habe und dieses Inspizieren und Adaptieren, das ist das worum es geht. Ich brauche kontinuierliches Experimentieren, kontinuierliches Anpassen und schauen was funktioniert. Und das was eine gewisse Zeit funktioniert, wird bald nicht mehr funktionieren und dann muss ich mich wieder anpassen und das ist etwas das viele noch nicht verstanden haben.

I: Was halten Sie vom Einsatz hybrider Methoden, also das Ganze zu kombinieren?

ED10.1.: Finde ich gut, wenn es funktioniert. Wenn ich sage ich bin rein in einem komplexen Umfeld, dann ist das Hybride schwierig, dann ist das Hybride hinderlich. Aber ich habe auch eine Grauzone, wo ich vom komplexen Umfeld immer mehr ins komplizierte Umfeld gehe und dann ja macht es Sinn.

I: Viele Firmen versuchen ja auch so zu starten, nämliche Teile vom klassischen Umfeld zu belassen und mit ein paar wenigen agilen Methoden anzufangen. Was halten Sie davon?

ED10.2.: Das ist generell schwer zu sagen, denn ich muss immer schauen was hält die Organisation aus, was hält das Team aus. Weil bei dieser Firma ist auch absichtlich hybrid gestartet worden um nicht zu viel auf einmal zu verändern. Denn wenn ich Leute habe, die zwanzig Jahre in Konzernstrukturen gearbeitet haben und ich ändere über Nacht alles, dann baue ich Widerstände auf die nicht hilfreich sind. Sondern dann ändere ich ein bisschen und beweise das es funktioniert und ich hole mir wieder „Goodwill" um weiterzumachen. Ich bin auch eher dafür zu sagen, ich ändere nicht alles über Nacht, sondern ich fange langsam an und ändere Dinge langsam. Bei der anderen Firma haben wir radikal umgestellt und das hat für die Situation auch gepasst. Aber das ist kein Patentrezept, weil es schon Staub aufwirbelt und schon auch etwas kostet. Man muss schauen, ändere ich die ganze Struktur mit einem Schlag, dafür Step by Step oder nehme ich mir ein Team heraus, einen kleinen Teil aber das dafür schneller. Es kommt wirklich darauf an zu schauen was vertragen die Leute, was brauchen die Leute, was braucht die Organisation. Denn wenn die Organisation schon aus dem letzten Loch pfeift und ist komplett kaputt dann würde ich sagen, lassen wir das mit der langsamen Umstellung, denn so kann es ohnehin nicht mehr weitergehen.

I: Was würden Sie sagen in 5 Jahren, wie sieht es da mit dem Stellenwert von agilen Methoden in Unternehmen aus? Ist es dann schon angekommen bei der breiten Masse von Unternehmen?

ED11: Ja denke ich schon. Also im Softwarebereich ist es definitiv angekommen. Ich glaube da wird es auch besser funktionieren als jetzt. Es wird auch populärer sein als jetzt, es wird denke ich besser funktionieren als jetzt. Aber es wird ein holpriger Pfad sein glaube ich. Es wird in Unternehmen allgemein was Business Agility betrifft noch mehr als 5 Jahre brauchen, weil da haben es viele Leute noch nicht verstanden. Da müsste ich halt wirklich im Bildungsbereich anfangen, da müsste ich in der Volksschule ansetzen, da müsste ich auf den Universitäten ansetzen. Man müsste es auch in den Business Schools machen und da weiß ich das aktuell nichts gemacht wird. Da würde es dann Praktiker an den Universitäten benötigen und da wird denke ich auch ein Generationswechsel von Nöten sein damit es da mehr reinkommt. Weil es wirklich auf menschliche Dinge runtergeht wie Angst, Loslassen auf Hoffnung, auf Erwartungen und das geht nicht so schnell. Da ist ein Generationswechsel erforderlich denke ich. Und es wird auch für die Softwareentwicklung eine holprige Geschichte sein, weil dadurch das es so gehyped ist zieht es auch wieder viele Leute an. Es zieht dann Agile Coaches an die keine Coaching Ausbildung haben und ihre Methoden „consulten" und „sellen" und „teachen" und nicht wissen was Coaching ist. Das bringt dann wieder Leute hervor die es so gelernt haben und das ist dann wieder kein Pull Prinzip, sondern „push, push, push". Nur auf eine andere Art pushen unter dem Deckmantel der Agilität. Es wird noch eine holprige Geschichte sein. Aber es ist schlussendlich meiner Meinung nach unaufhaltsam und unabdingbar. Die Welt ändert sich, die Welt wird immer schneller, es wird immer komplexer.

Interview Experte 4

Interviewnummer:	04
Position:	Scrum Master
Datum:	13.01.2020
Zeit:	17:00 – 17:22

I: Seit wann arbeiten Sie bei der Firma, was ist ihre genaue Position und seit wie vielen Jahren sind Sie im IT/Softwarebereich tätig?

EV1: Ich bin jetzt seit August 2018 also gute eineinhalb Jahre als Scrum Master bei dieser Firma und prinzipiell im Softwarebereich tätig bin ich 14 Jahre.

I: Was bedeutet für Sie Requirements Engineering und beschreiben Sie es bitte kurz was die Definition für Sie ist.

EV2: Klassisch Pflichtenheft, Lastenheft, Workshop mit dem Kunden. Im agilen Bereich haben wir so etwas nicht, wir schreiben User Stories.

I: Welche Ziele verfolgt das Requirements Engineering für Sie?

EV3.1.: Mir kommt einfach vor es ist besser mit Pflichtenheften und Lastenheften zu arbeiten, weil man sich von vornherein einfach mehr mit dem Thema beschäftigt. Agil ist bei uns so, dass der Kunde gerne etwas hätte, dann machen wir mal, dann schauen wir noch einmal und noch einmal und nach dem vierten oder fünften Sprint fragen wir beim Kunden doch einmal genauer nach was er will. Der Kunde wird viel zu wenig mit einbezogen. Ein Pflichten- und Lastenheft ist vielleicht bei Projekten die über 3 Jahre gehen nicht unbedingt so zielführend, aber ich glaube trotzdem das gerade für kleinere Projekte die klassische Variante besser ist als eine agile. Denn es befasst sich einfach niemand damit was der Kunde wirklich will.

I: Das heißt Sie meinen bei kleineren Projekten ist es sinnvoller, wenn man die Anforderungen von vornherein schon zum größten Teil definiert?

EV3.2.: Genau. Bei uns wird der Kunde viel zu wenig miteinbezogen. Der Product Owner glaubt, dass der Kunde das so will. Man hat aber nie einen Haken darunter, dass der Kunde es wirklich so will. Man hat nie ein schriftliches Einverständnis vom Kunden das er es wirklich so will.

I: Sie arbeiten mit User Stories, richtig?

EV3.3.: Der Kunde hat eine Anforderung und diese teilt er dem PO oder Sales mit.

I: Und diese werden als User Story niedergeschrieben?

EV3: Die schreibt man als User Story nieder. Aber man schreibt ja noch nicht alle User Stories, sondern man fängt einmal an.

I: Das heißt es ist aus Ihrer Sicht noch unvollständig?

EV3.4.: Es ist unvollständig. Meiner Meinung nach wird viel zu schnell angefangen ohne dass sich wirklich jemand damit auseinandersetzt.

I: Beschreiben Sie mir bitte ein aktuelles Projekt, Ihre Rolle und wie dort momentan das Anforderungsmanagement umgesetzt ist.

EV4.1.: Es ist bei uns so. Juhu, wir haben jemanden der will bei uns etwas kaufen. Wir fragen ihn was er will, aber der Kunde selbst kann sich eigentlich nichts vorstellen. Denn wir haben nichts was wir herzeigen können.

I: Sie verkaufen ein Hardwareprodukt welches durch Software gesteuert wird?

EV4.2.: Wir haben ein Hardwareprodukt, das für jeden Kunden gebastelt wird. Und wir sagen dem Kunden, so und so wird es aussehen. Der Kunde sagt dann, dass das OK ist. Da hängen so viele Sachen zusammen. Produkte und Lichtschranken müssen genau stimmen. Wenn der Tisch fünf Zentimeter zu breit ist, dann bist du mit der Triggerung zu langsam, dann geht die Software nicht. Und das sind einfach so viele Sachen mit denen sich einfach niemand beschäftigt hat.

I: Aber Sie haben ein Anforderungsmanagement und das geht eher in die agile Richtung, oder?

EV4.3.: Ja, aber prinzipiell kommt das bei uns über den Vertrieb rein und wird dann einfach nur dem PO übergeben.

I: Und Ihre Rolle in dem Projekt ist die des Scrum Masters?

EV4.4.: Genau.

I: Welche agilen und/oder klassischen Praktiken wurden in diesem Projekt angewendet?

EV5.1.: Wie gesagt wir arbeiten rein agil. Pflichen- und Lastenhefte haben wir überhaupt nicht. Wir arbeiten rein nur agil.

I: Nach Scrum?

EV5.2.: Nach Scrum, genau.

I: Nächste Frage, welche Vor- und Nachteile sehen Sie bei klassischen und agilen Methoden?

EV6.1.: Ja das habe ich schon kurz vorher angesprochen. Ich glaube das bei den klassischen Pflichtenheften und Lastenheften wie man es kennt, einfach mehr Zeit investiert wird um darüber nachzudenken. Und agil wird oft mit chaotisch und einfach nur spontan verwechselt und dann wird einfach losgelegt, denn man kann es ja ohnehin immer wieder ändern.

I: Das Ändern ist für Sie ein Vorteil?

EV6.2.: Es ist aber auch ein Nachteil, denn man wird nie fertig. So nach dem Motto macht ja nichts, machen wir's halt anders, wir sind ja agil. Ich weiß nicht wie oft ich diesen Satz gehört habe. Aber dass man schon vor einem halben Jahr hätte fertig sein sollen und schon das doppelte an Zeit und Geld investiert haben, ist ja egal denn wir machen es anders.

I: Das heißt als Nachteil sehen Sie, dass Zeit und Budgetvorgaben im Agilen tendenziell nicht so stark eingehalten werden.

EV6.3.: Genau und auch viel schwieriger zu kalkulieren sind.

I: Und bei klassischen Methoden wie Wasserfall und V-Modell, was sehen Sie dort für Nachteile?

EV6.4.: Wenn du ganz große Projekte hast, die über 2 Jahre oder so gehen und du hast einmal ein Pflichtenheft gemacht, dann wir nie mehr da dran etwas geändert.

Aber ich bin der Meinung, dass man nicht unbedingt eine agile Methode haben muss um sich zwischendurch mit dem Kunden noch einmal abzustimmen. Weil wie gesagt, bei uns wird es agil gemacht, aber mit dem Kunden redet in Wahrheit niemand. Wir kommen hinterher immer wieder drauf, dass es so nicht geht und dann machen wir es doch anders. Dem Kunden traut man es sich nie herzeigen, weil eigentlich noch nichts geht.

I: Welche Herausforderungen sehen Sie grundsätzlich, wenn man agile Methoden in einem Unternehmen einführt?

EV7.1.: Ich glaube es muss fürs Unternehmen passen. Wir machen ja beispielsweise Scrum rein auf Projektbasis. Was eigentlich eine Katastrophe ist, denn wenn ich eine Produktentwicklung habe und ich sage so soll es im Endeffekt ausschauen, dann kann ich meine User Stories schreiben und dann kann ich das abarbeiten und dann kann ich mir das zwischendurch anschauen. Bei uns ist es halt so wie gesagt, du hast das fertig und dann gehst du in die Halle und dort ist zum Beispiel viel zu viel Tageslicht, was unsere Kameras stört und dann kannst du wieder anfangen. Denn es hat nie jemand gesagt ob der Raum hell oder dunkel ist. Und das sind schon Dinge wo du dir bei einem Pflichtenheft Gedanken machen würdest.

I: Welche Herausforderungen sehen Sie auf sozialer Ebene?

EV7.2.: Ich habe die Erfahrung mit unseren Entwicklern gemacht, dass sie das Agile nicht so gerne haben.

I: Warum?

EV7.3.: Ich glaube einfach das Softwareentwickler vom Typ her so sind. Die hätten gerne ein Pflichtenheft nach dem sie arbeiten und das machen sie und fertig. Ich meine alles vorzugeben ist auch nicht gut. Ich könnte jetzt gar nicht sagen was besser ist.

I: Ist es aus Ihrer Sicht auch ein Mindset Thema?

EV7.4.: Ja. Und du brauchst auch unbedingt die Leute. Wenn die Leute nicht dafür sind hast du überhaupt keine Chance.

I: Aus welchen Gründen könnte es aus Ihrer Sicht sinnvoll sein agile Methoden einzuführen?

EV8: Bei kleineren Dingen wo man sich mit dem Kunden gut abstimmen kann und was nicht hochtechnisch ist. Unser Marketing hat z.B. auch zwischendurch Scrum gemacht. Für die war das super, die haben sich einen Plan gemacht und gesagt da ist die Messe, bis dahin machen wir das, da machen wir die Druckvorlagen, da machen wir die Aussendung. Und da war ein Plan und die haben das gemacht, die sind auch vom Typ her anders. Marketing und Vertrieb das sind Leute, die reden gern mit und wollen sich einbringen und am besten den ganzen Tag. Aber Entwickler die z.B. eine Schnittstelle programmieren sollen, wo es um Punkt und Strich geht – der will sich auf das konzentrieren und nicht fünfmal am Tag in ein Meeting gehen. Ich glaube das Problem bei so hochkomplexen und technischen Dingen ist einfach, dass sich die Leute zu wenig damit auseinandersetzen. Wenn es nicht funktioniert, machen wir es einfach anders, denn wir sind ja agil. Den Eindruck habe ich sehr oft.

I: Sie kennen den Hype Cycle nach Gartner wo jedes Jahr Technologien bewertet werden, wo würden Sie da agile Methoden einordnen zum aktuellen Zeitpunkt in Österreich?

EV9.1.: Definitiv am Gipfel der überzogenen Erwartungen.

I: Warum?

EV9.2.: Mir kommt vor, momentan ist das so ein Hype und jeder muss das machen und es ist das Beste und Tollste. Wie gesagt ich kann jetzt nur von unserer Firma sprechen, ich hatte davor noch nie etwas damit zu tun. Aber alle Leute die zu uns in die Firma kommen sagen, ja unbedingt denn ich möchte agil sein. Wo sie dann aber schon nach kürzester Zeit draufkommen, dass agil doch Arbeit ist die sie selber bringen müssen. Und nicht nur, haben wir nicht geschafft, machen wir's anders. Und alle die am Anfang zu uns kommen weil sie agil sein wollen, kommen dann relativ schnell drauf, dass das doch nicht so toll ist.

I: Was halten Sie vom Einsatz hybrider Methoden, das heißt wenn man klassische mit agilen Methoden kombiniert?

EV10: Ich glaube das ist etwas, was gut funktioniert. Wir haben ja eine Abteilung die strategische Produktentwicklung macht und für eine strategische Produktentwicklung ist Scrum durchaus geeignet. Weil da gibt es einen Produkmanager der sich schon darüber Gedanken macht wie das aussehen soll und der das Ganze im Kopf hat und leitet. Also dafür würde ich es super finden. Für unsere Projekte, wo jeden Tag etwas anders ist und keiner wirklich länger als drei Wochen planen kann, weils halt im Projekt immer alles anders kommt funktioniert es nicht.

I: Was würden Sie sagen, wie schaut das Ganze in 5 Jahren aus. Wo sehen Sie dann den Stellenwert von agilen Methoden? Ist es dann schon angekommen in den Köpfen der Leute?

EV11.1.: Es wird sicher mehr werden und die Leute werden sich daran gewöhnen.

I: Das heißt Sie meinen die Leute werden sich daran gewöhnen, aber 100% angekommen ist es dann noch nicht.

EV11.2.: Nein

Interview Experte 5

Interviewnummer:	05
Position:	Entwicklungsprojektleiter
Datum:	12.01.2020
Zeit:	10:00 – 10:16

I: Seit wann arbeiten Sie bei der Firma, was ist Ihre genaue Position und seit wie vielen Jahren sind sie im IT/Softwarebereich tätig?

EF1: Ich arbeite bei der der Firma jetzt seit 3 Monaten erst. Ich arbeite da als Entwicklungsprojektleiter. Davor habe ich aber 9 Jahre in der IT/Softwarebranche gearbeitet.

I: Was bedeutet für Sie Requirements Engineering. Bitte beschreiben Sie es ganz kurz und definieren Ihre Vorstellungen zu dem Begriff.

EF2: Requirements Engineering ist die Basis für jede Entwicklung. Man muss immer mit einer Frage anfangen und dann eine Antwort auf die Frage finden. Wie man dorthin kommt ist dann das „Requirement".

I: Welche Ziele verfolgt für Sie Requirements Engineering?

EF3: Ziele von Requirements Engineering würden für mich bedeuten, dass man nach einer Spezifikation arbeitet. Das man nicht vom Weg abweicht und auch immer dagegen testen kann. Wenn du am Anfang keine Requirements schreibst, kannst du nicht sicherstellen ob die Software oder das Produkt was du gemacht hast überhaupt das richtige tut.

I: Vielleicht können Sie kurz ein aktuelles oder auch vergangenes Projekt beschreiben, welches Ihre Rolle in dem Projekt war und wie Requirements Engineering eingesetzt worden ist. Wurden dort eher agile oder klassische Methoden verwendet.

EF4.1.: Ich habe bis jetzt mit beiden Methoden gearbeitet. Für neue Entwicklungen, also Sachen die früher noch nicht gemacht worden sind oder die unbekannt sind, würden agile Methoden am besten passen. Wie wir es dort eingesetzt haben? Wir haben es immer mit einem Tool gemacht, entweder mit einem Tool das sich collab.net nennt oder Jira. Ich habe mit beiden gearbeitet. User Requirements werden dann auf System Requirements runtergebrochen und aus den System Requirements werden Tasks erstellt. So kann man das strukturieren in einem Softwaretool und auch leicht nachverfolgen um dann später aus den Tasks auf der dritten Ebene Testcases zu erstellen. So stellt man sicher, dass das Ding tut was es tun soll.

I: Welche Rolle hatten Sie in den Projekten?

EF4.2.: In der Softwareentwicklung habe ich 6 Jahre als Projektleiter oder Scrum Master gearbeitet und die ersten 3 Jahre als Softwareentwickler. Also ich habe beide Seiten gesehen.

I: Bitte beschreiben Sie welche agilen oder klassischen Praktiken in diesem Zusammenhang angewendet wurden.

EF5: Ich habe in der Vergangenheit mit Scrum gearbeitet und ich habe auch mit dem klassischen Wasserfall Modell gearbeitet nach IPMA zum Beispiel. Wir haben aber nie hundertprozentig nach agilen Methoden gearbeitet, denn Scrum sagt nicht bei allen Dingen wie man es machen soll. Bei der Entwicklung die wir gemacht haben, haben wir versucht uns so viel wie möglich an agile Methoden zu halten zum Beispiel Sprints, Daily Meetings, Planning und Reviews. Wir haben auch die Tools verwendet um die Stories und Features aufzusetzen. Das hat sehr gut funktioniert mit der Entwicklung. Wenn man andere Projekte macht die harte Deadlines haben, würden die klassischen Praktiken mehr Sinn machen.

I: Welche Vor- und Nachteile sehen Sie bei klassischen und agilen Methoden?

EF6.1.: Nachteil bei den agilen Methoden ist, dass man nicht vorhersagen kann wohin das führt oder wie lange es dauert beziehungsweise wann es fertig wird oder wie viel von dem was man sich vorgenommen hat erreicht wird. Das kann man nicht vorhersagen, aber wenn man es richtig macht hat man nach x Sprints, x% fertige Software, die man theoretisch verkaufen könnte. Bei den klassischen

Methoden bedeutet es nicht unbedingt das du nach einer gewissen Zeit etwas verkaufen kannst, weil dann vielleicht erst x Bauteile nur zu 50% fertig geworden sind, die aber nicht zusammenarbeiten können. Also die beiden Methoden haben Vor- und Nachteile, man muss immer bezogen auf das Projekt und das Umfeld schauen, dass man das Beste herauszieht.

I: Wo sehen Sie Vor- und Nachteile auf sozialer Ebene zum Beispiel auf das Team bezogen?

EF6.2.: Wir sind alle Menschen und man tut sich sehr schwer neue Sachen zu machen. Nach dem Motto: „Lass mich was ich gemacht habe, ich mache das weiter so!" Auf der sozialen Ebene muss man es langsam angehen. Ich habe es erlebt in einer Firma wo man umgestiegen ist auf agile Methoden und da bin ich dann Scrum Master geworden. Dort habe ich gesehen, dass sich die Menschen sehr stark gewehrt haben. Viele wollen einfach gesagt bekommen was sie machen sollen und das machen sie dann auch. Diese Leute wollen keine Freiheiten. Bis man es gelernt hat und sich wohl fühlt vergehen viele Monate.

I: Welche Herausforderungen sehen Sie bei der Einführung agiler Methoden?

EF7.1.: Wenn man den Mitarbeitern zu viel auf einmal auflastet und sagt das die Umstellung von heute auf morgen gemacht wird. Es gibt kein „Ruckzuck", man muss den Mitarbeitern die Möglichkeit geben die neue agile Methode kennenzulernen. Vielleicht mit etwas Einfacherem wie Kanban anfangen und dann wirklich nur Teile aus den agilen Methoden herausnehmen. Nachdem die Mitarbeiter gelernt haben was es bedeutet, kann man zum Beispiel weitere Teile integrieren wie Daily Standups. Und dann nach einer bestimmten Anzahl an Monaten, wenn alle zufrieden sind kann man umsteigen. Das würde meiner Meinung nach am meisten Sinn machen.

I: Das heißt aus Ihrer Sicht geht das in Richtung Step by Step Einführung?

EF7.2.: Ja, Step by Step definitiv.

I: Sie kennen ja den Hype Cycle nach Gartner wo jedes Jahr Technologien bewertet werden. Jetzt sind agile Methoden zwar keine Technologie aber trotzdem kann man das auf diesem Hype Cycle auch einordnen. Wo würden Sie agile Methoden in Softwareunternehmen in Österreich Stand heute sehen?

EF8.1.: Da würde ich 50/50 sagen. Mindestens die Hälfte ist schon auf dem Plateau der Produktivität. Die anderen 50 sind 25/25. 25 auf dem Gipfel der überzogenen Erwartungen und die anderen 25 sind verwirrt, weil das Ganze noch keinen Sinn macht. Und 50% sind schon produktiv angekommen. Weil von den Firmen mit denen ich gesprochen habe und für die ich gearbeitet habe, sind sie entweder schon dabei oder dabei anzufangen oder sie machen das schon.

I: Wie würden Sie das Ganze sehen, wenn man es nicht auf die IT-Branche bezieht?

EF8.2.: Ich würde sagen da ist es noch ziemlich am Anfang, vielleicht beim Kennenlernen oder auf dem Weg zum Gipfel. Ich glaube es sind ganz, ganz wenige Firmen die nicht softwarebezogen sind, die versuchen agile Methodik zu etablieren.

I: Was halten Sie vom Einsatz hybrider Methoden, das heißt eine Kombination aus beidem?

EF9: Für mich würde eine Kombination von beiden bedeuten, dass ich Scrum nur in Teilbereichen einsetze und ich halte das auch für richtig. Agile Methoden, zumindest Scrum, sind ziemlich umfangreich. Sobald man sich Sachen heraus nimmt hat man einen simplifizierten Prozess. Ich glaube für die meisten würde eine Kombination Sinn machen. Das man die technischen Sachen versucht agil zu machen, aber die klassischen Themen wie Deadlines, Projekte, Controlling, also alles was im Hintergrund läuft, klassisch belässt.

I: Zum Abschluss würde mich ein Ausblick in die Zukunft interessieren. Stellen sie sich vor wir haben schon 2025. Wie sehen Sie den Stellenwert von agilen Methoden? Ist das Ganze dann schon angekommen in den meisten Softwareentwicklungsprojekten?

EF10: Also in den Softwareentwicklungsprojekten glaube ich werden sie zu 80% bis 90% irgendeine Art von agilen Methoden anwenden. Ich glaube die Reife und Mentalität der Menschen wird bis dahin schon gestiegen sein und man die Softwareprojekte zu einem gewissen Grad agil macht.